100 receitas de PESCADOS

Moluscos (Vongole, Ostras, Mexilhões, Lulas, Polvos)
Crustáceos (Caranguejos, Camarões, Lagostas e Lagostinhas)
Peixes de Rio (Pintado, Tambaqui, Tucunaré)
Peixes de Mar – Carne Branca
Peixes de Mar – Carne Colorida
O Tradicionalíssimo Bacalhau
Combinações Exclusivas de Várias Espécies

Livros do autor publicados na Coleção **L&PM** Pocket

100 receitas de carnes
100 receitas de macarrão
100 receitas de patisseria
160 receitas de molhos
Honra ou vendetta
O livro da cozinha clássica

SÍLVIO LANCELLOTTI

100 receitas de **PESCADOS**

Moluscos (Vongole, Ostras, Mexilhões, Lulas, Polvos)
Crustáceos (Caranguejos, Camarões, Lagostas e Lagostinhas)
Peixes de Rio (Pintado, Tambaqui, Tucunaré)
Peixes de Mar – Carne Branca
Peixes de Mar – Carne Colorida
O Tradicionalíssimo Bacalhau
Combinações Exclusivas de Várias Espécies

www.lpm.com.br

Coleção **L&PM** Pocket, vol. 680

Primeira edição na Coleção **L&PM** POCKET: fevereiro de 2008

Capa: L&PM Editores
Revisão: Bianca Pasqualini

L247c   Lancellotti, Sílvio
        100 receitas de pescados / Sílvio Lancellotti. – Porto Alegre : L&PM, 2008.
        152 p. ; 18 cm. -- (Coleção L&PM Pocket)

        ISBN 978-85-254-1742-8

        1.Gastronomia-Receitas-Pescado. I.Título. II.Série

                        CDU 641.55(083.12)

Catalogação elaborada por Izabel A. Merlo, CRB 10/329.

© Sílvio Lancellotti, 2008

Todos os direitos desta edição reservados a L&PM Editores
Rua Comendador Coruja, 314, loja 9 – Floresta – 90.220-180
Porto Alegre – RS – Brasil / Fone: 51.3225.5777 – Fax: 51.3221-5380

PEDIDOS & DEPTO. COMERCIAL: vendas@lpm.com.br
FALE CONOSCO: info@lpm.com.br
www.lpm.com.br

Impresso no Brasil
Verão de 2008

ÍNDICE

INTRODUÇÃO / 7

HONRARIAS / 9

MOLUSCOS / 11
    Vongole / 13
    Ostras / 18
    Mexilhões / 27
    Lulas / 33
    Polvos / 38

CRUSTÁCEOS / 43
    Caranguejos & kanikama / 45
    Camarões / 51
    Lagostas & lagostinhas / 85

PEIXES / 95
    Peixes de rio / 97
    Peixes de mar – carne branca / 103
    Peixes de mar – carne colorida / 121
    Bacalhau / 132
    Combinações / 137

ÍNDICE DAS RECEITAS / 145

INTRODUÇÃO

Este compêndio tem cem receitas, que recolhi em décadas e décadas de labor, desde que meu pai, Eduardo Lancellotti, me apresentou a um fogão de quatro bocas, em São Vicente, litoral de São Paulo, nos meados da década de 50. Sinto uma falta enorme daqueles idos e dos seus ensinamentos. E lastimo muito que ele, o Vodudu dos três filhos e dos nove netos, agora esteja tão longe desta introdução – e dos três bisnetos que não pôde conhecer.

Hoje, aqui, eu quase completo um ciclo que meu pai ajudou a começar. Por isso assumo, num registro liminar, e numa frase audaciosa: nos meus já 25 livros, livros de gastronomia, de esportes, ou o *Honra ou Vendetta!* de jornalismo e ficção, invariavelmente perpetrados com aquela mescla de paixão e de pesquisa, jamais, antes, me aproximei tanto do antológico Vodudu.

Devo a publicação deste compêndio a ele. De fato, com exceção de *Cozinha Clássica*, o trabalho do qual eu mais me orgulho, trabalho que a mídia boicotou mas que raros profissionais do brilho de Marcelo Coelho, na *Folha de S. Paulo* e do saudoso Marcelo Frommer, em *O Estado de S. Paulo*, valorizaram pela sua investigação e pelo seu significado; com a exceção do *Honra ou Vendetta*, que Lauro César Muniz, Daniel Filho e Roberto Farias se empenharam em transformar em mini-série na Rede Globo de TV, sem resultado; nenhum dos meus volumes me propiciou mais alegria e mais satisfação, sim, do que este – eu que, também me obrigo a admitir, não me tornei, nem de longe, um vero mestre em pescados, como o meu pai.

Valem as alquimias aqui alinhavadas, de todo modo. Inclusive porque, creia, pressupõem uma conceito elementar: mais do que todos os ingredientes da culinária, os pescados exigem o maior respeito às suas características e aos seus predicados biológicos. Caso o meu leitor entenda, e absorva, esse singelo preceito, eu me considerarei integralmente gratificado. Assim, imploro, isso mesmo, imploro – mergulhe na análise de cada capítulo e procure assimilar o que eu passo no entendimento das peculiaridades de cada matéria-prima.

Em tempo: no desenrolar das minhas receitas eu falo de molho branco, ou Béchamel, e de molho de tomates. Você pode fazê-los ao seu talante, ou obedecer às recomendações do meu *O Livro dos Molhos*. Mais, quando falo de caldo de peixe e de caldo de camarões, também ostento as mesmas relíquias no corpo de *O Livro dos Molhos*. Caso a sua preguiça, que eu aqui perdôo, impeça você de executá-los, como necessitam e como convém, não se avexe: use os cubinhos desidratados que se compram no supermercado.

HONRARIAS

*Aos meus netos, Rafaela e
Eduardo, para que, em mais um meio século,
se lembrem de mim como um
vovô gorducho, feliz, parceiro e um
cozinheiro razoalvelmente eficiente.
Cubram-se de glórias...*

Moluscos

VONGOLE

No idioma italiano se escreve: uma *vongola*, duas ou mais *vongole*. Isso mesmo, no feminino – e com a tônica na primeira sílaba. Trata-se de moluscos bivalves, de cascas claras, que habitam as areias entre as marés, praticamente enterrados logo abaixo da superfície. Abundantes na região do Mediterrâneo, com dezenas de variações de tamanho, de textura e de sabor, aqui no Brasil recebem também o nome de berbigões. Pode-se capturá-los, facilmente, com as mãos. Aliás, comunidades carentes de praticamente todo o litoral do país subsistem da sua coleta e da sua comercialização. Daí os seus preços ainda se manterem baratos. Catadores organizados utilizam instrumentos assemelhados aos ancinhos. Ao vasculharem as areias, recolhem apenas os maiores, adultos, aqueles que ficam retidos nas tramas de madeira ou de metal. Dessa forma, permitem que os menores, jovens, sobrevivam – e a espécie se preserva.

Bivalves? A denominação provém das duas cascas, engenhosamente articuladas, que envolvem os corpos das vongole e também das ostras e dos mexilhões. Cada uma dessas cascas ostenta três camadas: uma externa, ou ***periostracum***; uma intermediária, ou ***ostracum***; uma interna, ou ***hipostracum***, popularmente batizada de madrepérola. As duas cascas compõem as casas dos moluscos, se abrem e se fecham de acordo com as suas necessidades de alimentação ou de locomoção. Ostras e mexilhões, habitualmente, se fixam a uma proteção qualquer. As vongole, porém, se deslocam nas areias.

De características peculiaríssimas, assimilam o oxigênio das águas por meio de brânquias, que também funcionam como filtros de impurezas. Satisfazem as suas necessidades nutricionais ao extraírem, do meio líquido, as microalgas, ou fitoplâncton, microanimais, ou zooplâncton, e matérias orgânicas em suspensão. Claro, esse processo exige que as águas tenham o máximo de qualidade, sem qualquer tipo de substância que possa levar os moluscos a uma doença ou a uma intoxicação. Ultra-sensíveis, acusam, depressa, a possibilidade da poluição da sua ecologia. Acusam, e morrem. Por isso, representam um indicador providencial da qualidade ambiental.

Idealmente, devem-se usar, sempre, vongole frescas, compradas dentro das conchas. Na sua pré-preparação, realizo um método simplérrimo. Coloco as vongole numa panela, sobre um fundo mínimo de azeite e de vinho branco, com alguns dentes de alho e alguns ramos de alecrim. Tampo a panela e levo ao fogo fraco, por cerca de cinco minutos. Digamos, uma sauna quase seca. Apago a chama e espero mais uns dez minutos. Apenas então eu destampo e examino o resultado. Aproveito, nas receitas, exclusivamente aquelas que se abriram por causa do calor. Elimino todas as que continuaram fechadas – pois estavam mortas antes do procedimento: não reagiram ao aumento crucial de temperatura. Cuidadosamente, num pano, filtro o líquido da sua transpiração – o qual, obviamente, reservarei, na geladeira, para futuras alquimias.

PANE E VONGOLE

INGREDIENTES, PARA UMA PESSOA:
2 fatias de pão italiano, tipo filão, cerca de 1cm de espessura
Azeite de olivas
4 dentes de alho, em lascas
1 raminho de alecrim fresco
2 cálices de vinho branco, bem seco
1 tomate, sem as sementes, cortado em dadinhos
100g de vongole, sem as cascas, pré-preparadas de acordo com o método que já recomendei
Algumas vongole, com as cascas
2 colheres, de mesa, do líquido da transpiração das vongole
1 colher, de sopa, cheia, de salsinha verde, muito bem batidinha
Sal

MODO DE FAZER:
Numa frigideira, aquecer o azeite. Rapidamente, tostar o pão, nos dois lados. Despejar mais azeite. Aquecer. Murchar o alho. Colocar o alecrim. Despejar o vinho. Levar à fervura. Incorporar o tomate. Em fogo baixo, cozinhar, até que os dadinhos comecem a se desmanchar. Agregar as vongole, o líquido da sua transpiração e a salsinha. Misturar e remisturar por dois minutos. Acertar o ponto do sal. Num prato, uma debruçada sobre a outra, elegantemente dispor as fatias de pão. Cobrir com o molho.

SPAGHETTI ALLE VONGOLE (IN BIANCO)

INGREDIENTES, PARA UMA PESSOA:
Azeite de olivas
4 dentes de alho, em lascas
1 raminho de alecrim fresco
2 cálices de vinho branco, bem seco
1 tomate, sem as sementes, cortado em dadinhos
100g de vongole, sem as cascas, pré-preparadas de acordo com o método que já recomendei
2 colheres, de mesa, do líquido da transpiração das vongole
1 colher, de sopa, cheia, de salsinha verde, bem batidinha
Sal
150g de spaghetti, um pouco antes do ponto al dente
Algumas vongole com as cascas, para enfeitar

MODO DE FAZER:
Numa frigideira, aquecer o azeite. Murchar o alho. Colocar o alecrim. Mexer e remexer. Despejar o vinho. Levar à fervura. Agregar o tomate, as vongole sem as cascas, o líquido da sua transpiração e a salsinha. Misturar e remisturar por dois minutos. Acertar o ponto do sal. Incorporar a massa e as vongole com as cascas. Terminar o seu cozimento no molho. Importante: esta receita não leva queijo de qualquer espécie.

SPAGHETTI ALLE VONGOLE (IN ROSSO)

INGREDIENTES, PARA UMA PESSOA:
150g de spaghetti, um pouco antes do ponto al dente
Azeite de olivas
4 dentes de alho, em lascas
1 raminho de alecrim fresco
2 cálices de vinho branco, bem seco
1 concha de molho de tomates, já bem apurado
100g de vongole, sem as cascas
1 colher, de sopa, do líquido da sua transpiração
1 colher, de sopa, cheia, de salsinha verde, bem batidinha
Sal
Algumas vongole com as cascas, para enfeitar

MODO DE FAZER:
Numa frigideira, aquecer o azeite. Murchar o alho. Colocar o alecrim. Mexer e remexer. Despejar o vinho e o molho de tomates. Levar à fervura. Reduzir por alguns momentos. Rebaixar o calor. Agregar as vongole sem as cascas, o líquido da sua transpiração e a salsinha. Misturar e remisturar por dois minutos. Acertar o ponto do sal. Incorporar a massa e as vongole com as cascas. Terminar o seu cozimento no molho. Importante: também esta receita não leva queijo de qualquer espécie.

OSTRAS

Tradições e costumes à parte, as ostras não precisam ser saboreadas apenas ao natural, fresquíssimas, ainda cruas, e vivas, na companhia de gotas de limão ou de Tabasco. Não. A gastronomia pressupõe inúmeras receitas em que as ostras passam pela panela ou pelo calor, como pretendo provar. Aliás, em qualquer circunstância, frias ou quentes, as ostras efetivamente ostentam propriedades afrodisíacas. Riquíssimas em proteínas, em vitaminas, possuem altos teores de fósforo, de cálcio, de magnésio, de iodo, de ferro, de cobre e de zinco – um mineral que estimula a produção de testosterona. Uma pesquisa da Sociedade Americana de Medicina Reprodutiva já comprovou que o casamento do zinco presente nas ostras com o ácido fólico, encontrável nos espinafres e nos brócolos, aumenta em quase 75% o número de espermatozóides.

E a produção das pérolas, como acontece? Por um mero reflexo biológico. Sempre que algum objeto estranho, como um grãozinho de areia, se aloja entre os seus corpos e as suas conchas, as ostras reagem de maneira genial. Desandam a cobrir o objeto estranho com camadas absolutamente impecáveis de nácar. E há pérolas de cores diversas – brancas, meigamente amareladas, azuis, rosadas, vermelhas, verdes, violáceas, marrons e pretas. No Japão, em 1893, um certo Kochichi Mikimoto, estudioso de mais imaginação, induziu o tal reflexo de modo artificial. Desde então nasceram as chamadas pérolas cultivadas. No Brasil, cultivadas são, de fato, as melhores espécies de ostras que existem no mercado, particularmente as de Alagoas, de Cananéia, no sul de São Paulo, e de Santa Catarina, perpetradas em vastas fazendas de água salgada. A modernidade dos transportes permite que viajem, vivas, a qualquer plaga da nação – desde que permaneçam fechadas. Não aconselho quem me lê a abrir, em casa, as ostras que adquirir. Basta um descuidozinho para que a mão se corte. Solicite o serviço ao fornecedor – mas, lembre-se: depois de escancaradas, as ostras, mesmo no gelo, têm existência curta.

BLOODY OYSTERS

INGREDIENTES, PARA UMA PESSOA:
1 copo, do tipo Caipirinha
1 dose de vodca
2 doses de suco de tomates
Uma pitada de sal de aipo
O sumo, coado, de meio limão
Gotas de Tabasco
Gotas de molho inglês, Worcestershire
A gosto, pimenta-do-reino
Gelo à vontade
6 ostras fresquíssimas

MODO DE FAZER:
No copo, misturar bem a vodca e o suco de tomates. Temperar com o sal de aipo, o sumo de limão, o Tabasco, o molho inglês e a pimenta-do-reino. Agregar o gelo. Mexer e remexer. Depositar as ostras. Virar e revirar, agora com delicadeza. Esperar dois minutos – e bebericar.

OSTRAS À BOURGUIGNONNE

INGREDIENTES, PARA UMA PESSOA:
2 colheres, de sopa, bem cheias, de manteiga
6 dentes de alho, trituradíssimos
2 colheres, de chá, bem cheias, de salsinha verde, batidinha
1 colher, de chá, de licor de anis, ou Pernod, ou Ricard
Sal
6 ostras, fresquíssimas, ainda dentro da casca inferior

MODO DE FAZER:
Numa frigideira, derreter a manteiga e refogar o alho, até que ameace se dourar. Apagar a chama. Agregar a salsinha e o anis. Misturar e remisturar. Esperar que a manteiga volte a endurecer, à temperatura ambiente. Acertar o ponto do sal. Misturar e remisturar. Dividir a manteiga em seis partes. Depositar cada uma das partes sobre cada uma das ostras. Colocar as ostras numa travessa refratária e levar ao forno, para se gratinarem.

OSTRAS À ROCKEFELLER

INGREDIENTES, PARA UMA PESSOA:
2 colheres, de sopa, bem cheias, de manteiga
O verde de um talo de cebolinha, bem picadinho
1 talo de salsão, bem lavado, idem
1 colher, de café, de cerefólio fresco, idem
1 colher, de café, de estragão fresco, idem
1 colher, de sopa, cheia, de farinha de rosca, bem grossa
Gotas de Tabasco
Gotas de licor de anis
1 colher, de chá, de vinho branco, bem seco
Sal grosso
6 ostras, na casca inferior

MODO DE FAZER:
Numa cumbuca, combinar a manteiga, a cebolinha, o salsão, o cerefólio, o estragão, a farinha de rosca, o Tabasco, o licor de anis e o vinho branco. Virar e revirar, até obter uma pasta bem amalgamada. Dividir a pasta em seis partes. Forrar o fundo de uma terrina refratária com sal grosso. Sobre o sal grosso, equilibradamente, depositar as ostras. Cubrir cada uma das ostras com sua porção da pasta. Levar ao forno, para gratinar.

BISQUE DE OSTRAS À MODA RUSSA

INGREDIENTES, PARA UMA PESSOA:
6 ostras, já retiradas das suas conchas
1 dose, normal, de vodca
1 ½ xícara, de chá, de molho de tomates
1 colher, de sopa, rasa, de manteiga
Gotas de molho inglês, Worcestershire
Gotas de Tabasco
O sumo de ¼ de limão
Sal de aipo
Pimenta-do-reino

MODO DE FAZER:
Numa cumbuca, deixar as ostras de banho na vodca. Bater o molho de tomates num liquidificador e passar numa peneira. Derreter a manteiga e aquecer o molho. Misturar muito bem, para aveludar o resultado. Temperar com o molho inglês, com o Tabasco, o sumo de limão, a dose necessária de sal de aipo e algumas pitadinhas de pimenta-do-reino. Aquecer. Agregar as ostras e a vodca. Revirar, com o máximo de delicadeza.

BISQUE DE OSTRAS À MODA FRANCESA

INGREDIENTES, PARA UMA PESSOA:
1 xícara, de chá, de caldo de peixe
1 xícara, de chá, de caldo de camarões
½ xícara, de chá, de creme de leite, fresco
1 cálice de conhaque de vinho
Noz-moscada
Pimenta-do-reino
6 ostras, já retiradas das suas conchas
O líquido das ostras, bem filtrado
Uma pelotinha de manteiga
Folhinhas de estragão, preferivelmente frescas

MODO DE FAZER:
Numa caçarolinha, combinar o caldo de peixe e o caldo de camarões. Levar à fervura. Reduzir o volume a cerca de uma xícara de chá. Rebaixar o calor ao mínimo viável. Incorporar o creme de leite e o conhaque de vinho. Misturar e remisturar, muito bem. Acertar o ponto da noz-moscada e da pimenta-do-reino. Agregar as ostras, o seu líquido e a manteiga. Cuidadosamente, remisturar até que a manteiga se derreta no conjunto. No último instante, já dentro do prato, espalhar as folhinhas de estragão.

SPAGHETTI NO MOLHO SUAVE DE OSTRAS

INGREDIENTES, PARA UMA PESSOA:
150g de spaghetti, um pouco antes do ponto al dente
Azeite de olivas
4 dentes de alho, em lascas
1 raminho de alecrim fresco
2 cálices de vinho branco, bem seco
6 ostras, já retiradas das suas conchas
O líquido das ostras, bem filtrado
1 tomate, sem as sementes, em dadinhos
1 colher, de sopa, cheia, de salsinha verde, batidinha
Sal

MODO DE FAZER:
Numa frigideira, aquecer o azeite. Murchar o alho. Colocar o alecrim. Mexer e remexer. Despejar o vinho. Levar à fervura. Agregar as ostras, o seu líquido, o tomate e a salsinha. Misturar e remisturar por trinta segundos. Acertar o ponto do sal. Incorporar a massa. Terminar o seu cozimento no molho. Importante: esta receita não leva queijo ralado.

THE POOR BOY SANDWICH

INGREDIENTES, PARA UMA PESSOA:
6 ostras, sem as conchas
Farinha de trigo
2 ovos, desmanchados e batidos, clara e gema
Farinha de rosca, bem grossa
2 dentes de alho, bem trituradinhos
2 colheres, de sopa, bem cheias, de maionese normal
1 colher, de chá, bem cheia, de salsinha verde, batidinha
O sumo de meio limão
1 colher, de chá, de vinagre balsâmico
Azeite de olivas
1 baguete, individual, ou, um pão francês, do tipo caseirinho

MODO DE FAZER:
Passar levemente as ostras na farinha de trigo. Banhar nos ovos desmanchados e empanar, muito bem, na farinha de rosca. Levar à geladeira por meia hora – assim, a farinha de rosca se contrairá sobre as ostras e a fritura se tornará mais fácil. Paralelamente, num processador, combinar o alho, a maionese, a salsinha verde, o sumo de limão e o vinagre balsâmico. Bater, até obter uma pasta bem homogênea. Dourar as ostras, rapidamente, em um pouco de azeite de olivas. Aquecer o pão. Cortar em duas metades. Passar a maionese nas duas metades. Rechear com as ostras e refechar o pão.

QUICHE DE OSTRAS

INGREDIENTES, PARA UMA FORMA:
1 copo, normal, do tipo americano, de farinha de trigo
100g de manteiga, sem sal, amolecida em temperatura ambiente
1 pitada de sal
4 colheres, de sopa, de água
Mais manteiga
Mais farinha de trigo
4 ovos, batidos
Mais sal
Pimenta-do-reino, preferivelmente moída no momento
Noz-moscada
Mais 1 colher, de sopa, de manteiga
2 colheres, de sopa, de alho, micrometricamente picadinho
2 colheres, de sopa, de salsinha verde, superbatidinha
250g de creme de leite denso, tipo longa-vida
24 ostras, frescas, sem as conchas
1 colher, de sopa, de licor de anis

MODO DE FAZER:
Combinar a farinha, a manteiga amolecida, a pitada de sal e a água. Trabalhar a massa até que se mostre bem ligada. Fazer uma bola. Colocar numa travessa, cobrir com um pano limpo e guardar na geladeira, por uma hora. Untar uma forma, alta, 20cm de diâmetro com mais manteiga. Moldar a massa na forma, deixando boas bordas nas laterais. Polvilhar com mais farinha de trigo. Espalhar a farinha, muito bem, virando e revirando a forma. Temperar os ovos com o sal, com a pimenta-do-reino e com a noz-moscada. No restante da manteiga, murchar o alho e a salsinha. Resfriar um pouco. Agregar os ovos, o creme, as ostras e o licor. Misturar e remisturar, delicadamente, para não machucar as ostras. Acertar, se necessário, o ponto do sal e da pimenta-do-reino. Encher o vazio da massa com a mistura. Cobrir com papel-alumínio. Levar ao forno médio, por cerca de vinte minutos. Diminuir a temperatura ao mínimo possível e assar por mais nove minutos. Retirar o papel-alumínio e dourar o topo, por mais sessenta segundos.

MEXILHÕES

Muito mais diversificados do que as vongole e as ostras, os mexilhões, também batizados de mariscos, são considerados, injustamente, as ostras-dos-pobres. De fato, não exibem a nobreza aristocrática das suas primas. Mas, em todas as suas variedades, se mostram igualmente saborosos. No Brasil, de acordo com a sua região de procedência, recebem outros batismos, dos lambe-lambes do litoral de São Paulo, devorados com as mãos mesmo, aos sururus de todo o Nordeste, particularmente Alagoas. Embora bem semelhantes aos lambe-lambes, os sururus ostentam um tamanho menor, cerca de 3,5 cm.

Os catadores costumam tirá-los da lama dos manguezais e colocá-los em cestos de vime, os caçuás, uma tradição que remonta aos nativos das tribos Tupinambás, antes mesmo do Descobrimento. Existem os quase brancos, ou levemente amarelados, e os rubros, meio alaranjados. Dizem os cientistas que os brancos são os machos; os rubros, mais bonitos, são as fêmeas. Hoje, no país, principalmente em Santa Catarina, se cultivam, em vastas fazendas das orlas, os mexilhões *Perna perna*, que podem atingir até 8cm.

Os operadores das fazendas recolhem as sementes, ou embriões, ou larvas, em bancos naturais dos costões e os acondicionam, digamos, em berçários, caixas protegidas em que principiam a sua evolução. Daí, entre outras tecnologias, os jovens são fixados em cordas, presas a flutuadores, em áreas de água supercuidada, repleta de nutrientes, onde se desenvolvem.

Como no caso das vongole, sugiro que se comprem os frescos, ainda nas suas cascas. E, como no caso das vongole, proponho que se utilize o método da sauna quase seca – para separar os vivos, que se abrirão, daqueles previamente falecidos, que permanecerão definitivamente aprisionados.

MEXILHÕES À VINAIGRETTE

INGREDIENTES, PARA UMA PESSOA:
4 colheres, de sopa, cheias, de cebola branca, bem picadinha
3 colheres, de sopa, cheias, de dadinhos de tomate
3 colheres, de sopa, cheias, de dadinhos de pimentão verde
2 colheres de sopa, cheias, de salsinha verde, bem batidinha
6 colheres, de sopa de azeite de olivas
2 colheres, de sopa, de vinagre balsâmico
Sal
Pimenta-do-reino
12 mexilhões, na meia-casca, preferivelmente 6 claros e 6 alaranjados

MODO DE FAZER:
Numa terrina, combinar a cebola, o tomate, o pimentão e a salsinha. Banhar com o azeite e com o vinagre. Misturar bem. Deixar que o conjunto descanse por trinta minutos. Acertar o ponto do sal e da pimenta-do-reino. Remisturar. Num prato adequado, depositar os mexilhões de maneira intercalada, de acordo com as suas cores, e cobrir com a *vinaigrette*.

MEXILHÕES À MARINARA

INGREDIENTES, PARA UMA PESSOA:
Azeite de olivas
Um gordo ramo de alecrim fresco
4 cálices de vinho branco, bem seco
3 colheres, de sopa, cheias, de cebola branca, picadinha
9 colheres, de sopa, cheias, de dadinhos de tomate
Sal
Pimenta-do-reino
12 mexilhões, na meia-casca, preferivelmente 6 claros e 6 alaranjados
Um toque de salsinha verde, bem batidinha

MODO DE FAZER:
Aquecer o azeite e murchar o alecrim. Colocar o vinho. Levar à fervura. Agregar a cebola e o tomate. Misturar e remisturar. Rebaixar o calor ao mínimo possível. Manter, até que os tomates comecem a se desmanchar. Acertar o ponto do sal e da pimenta do reino. Remisturar. Num prato adequado, depositar os mexilhões de maneira intercalada, de acordo com as suas cores. Cobrir com o molho. Pulverizar a salsinha verde por cima.

MEXILHÕES À BOURGUIGNONNE

INGREDIENTES, PARA UMA PESSOA:
2 colheres, de sopa, bem cheias, de manteiga
6 dentes de alho, trituradíssimos
2 colheres, de chá, bem cheias, de salsinha verde, batidinha
1 colher, de chá, de licor de anis, ou Pernod, ou Ricard
Sal
12 mexilhões, fresquíssimos, ainda dentro da casca inferior, mas já soltos da madrepérola, preferivelmente 6 claros e 6 alaranjados

MODO DE FAZER:
Numa frigideira, derreter a manteiga e refogar o alho, até que ameace se dourar. Apagar a chama. Agregar a salsinha e o anis. Misturar. Esperar que a manteiga volte a endurecer, em temperatura ambiente. Acertar o ponto do sal. Misturar e remisturar. Dividir a manteiga em doze partes. Depositar cada uma das partes sobre cada um dos mexilhões. Colocar os mexilhões numa travessa refratária e levar ao forno, para gratinar.

MEXILHÕES DE CAPOTE

Ingredientes, para uma pessoa:
Azeite de olivas
2 colheres, de sopa, de cebola branca, bem picadinha
3 colheres, de sopa, de dadinhos de tomate
1 colher, de sopa, de vinagre balsâmico
½ xícara, de chá, de leite de coco
O líquido, previamente reservado, e bem filtrado, da operação de abertura dos mexilhões
Farinha de mandioca, crua, o quanto for necessário
Sal
Pimenta-do-reino
Tabasco
12 mexilhões, frescos, preferivelmente 6 claros e 6 alaranjados, ainda dentro da sua casca – já soltos da madrepérola, porém

Modo de fazer:
Numa frigideira, aquecer o azeite. Murchar a cebola. Refogar o tomate até que comece a se desmanchar. Agregar o vinagre, o leite de coco e o líquido dos mexilhões. Levar à fervura, mexendo e remexendo, por dois minutos. Acertar o ponto do sal e do Tabasco. Separar um pouco desse molho. Ao restante, aos poucos, despejar farinha de mandioca. Revirar, até obter um pirão. Reaquecer os mexilhões no seu molho. Espalhar o pirão no fundo do prato que for à mesa. Por cima, colocar os mexilhões, de maneira intercalada, de acordo com as suas cores. Banhá-los com o seu molho.

SOPA DE MEXILHÕES

INGREDIENTES, PARA UMA PESSOA:
Azeite de olivas
2 dentes de alho, bem trituradinhos
2 cálice de vinho branco, bem seco
1 ½ xícara, de chá, de caldo de peixe
O líquido, previamente reservado, e bem filtrado, da operação de abertura dos mexilhões
½ xícara, de chá, de polpa peneirada de tomates
8 mexilhões, frescos, ainda dentro das suas cascas – já escancaradas, porém
Sal
Pimenta-do-reino
Salsinha verde, micrometricamente batidinha

MODO DE FAZER:
Numa caçarola, aquecer o azeite. Murchar o alho, sem permitir que comece a dourar. Despejar o vinho. Levar à fervura. Incorporar o caldo de peixe e o líquido dos mexilhões. Retomar a ebulição. Agregar a polpa de tomates. Cozinhar, em fogo médio, até que o volume se reduza a cerca de 1 ½ xícara, de chá. Depositar os mexilhões, nas cascas. Virar e revirar por alguns instantes. Acertar o ponto do sal e da pimenta-do-reino. No prato que for à mesa, espalhar, elegantemente, a salsinha verde bem batidinha.

LULAS

Por causa da sua conformação, na aparência uma enorme cabeçorra da qual pendem oito tentáculos, as lulas e os polvos são chamados de cefalópodes – na verdade, porém, na nomenclatura e no aspecto se encerram as suas semelhanças. Os tentáculos das lulas se encaixam dentro da tal cabeçorra, e a ela se conectam por meio de uma bolsa interna e de uma espécie de barbatana. No caso dos polvos, porém, os tentáculos são prolongamentos reais. Nos polvos, além disso, são mais volumosas e mais portentosas as ventosas existentes nos tentáculos, apêndices que permitem a sua fixação a pedras e a rochedos, a captura mais confortavel das suas presas – e até mesmo o ato da cópula.

Tanto as lulas como os polvos conseguem se locomover com enorme velocidade. Mais, dispõem de uma cápsula que congrega uma secreção escura, a sua sépia, ou a sua tinta, a qual liberam, como camuflagem, ao se sentirem ameaçados. Usa-se a sépia, também, no cozimento de lulas pequeninas, ou as calamaretas, na feitura de risotos ou no enegrecimento de massa de macarrão. Pela quantidade necessária, claro, alquimias razoavelmente mais caras.

Por uma questão de conveniência, aconselho que se peça ao fornecedor que limpe as lulas que forem compradas. Ele fará a separação da cabeçorra e dos tentáculos, eliminará a sua pele, a barbatana e as vísceras – e virará o seu corpo do avesso. Lulas ficam mais macias quando preparadas do avesso. A parte de dentro é mais porosa do que a exterior, absorve melhor o calor. Em geral, se corta a cabeçorra em argolas. E não se desperdiçam os tentáculos, deliciosos quando enfarinhados e fritos. Em qualquer circunstância, se pré-cozinham as rodelinhas em água fervente, por cerca de três minutos. Lulas ficam muito mais duras quando são submetidas ao calor por um tempo longo.

SALADA DE LULAS

INGREDIENTES, PARA UMA PESSOA:
Azeite de olivas
Uma colher, de sopa, de vinagre balsâmico
2 colheres, de sopa, cheias, de dadinhos de tomate
1 colher, de café, de folhinhas de tomilho fresco
Sal
100g de lulas, em rodelas, já cozidas
50g de erva-doce, ou funcho, numa juliana bem delicada, com espessura menor do que a das rodelas das lulas
50g de salsão, também à juliana

MODO DE FAZER:
Numa cumbuca, combinar três colheres de sopa de azeite ao vinagre balsâmico, aos dadinhos de tomate e ao tomilho. Misturar. Esperar cinco munutos. Acertar o ponto do sal. Numa terrina, combinar as lulas, a erva-doce e o salsão. Misturar. Banhar esse conjunto com o molho. Guardar na geladeira, coberto por papel-filme, até quase o momento de servir. Retirar dez minutos antes. Enfim, despejar no prato e despejar mais azeite.

LULAS EMPANADINHAS

Ingredientes, para uma pessoa:
150g de lulas, em rodelas, já cozidas
Farinha de trigo
Ovos desmanchados
Farinha de rosca, grossa, temperada com um tico de sal e com uma colher, de café, rasa, de alho desidratado, em pó
Óleo de milho, para dourar
Gomos de limão siciliano, para servir

Modo de fazer:
Passar as rodelas das lulas na farinha de trigo, nos ovos desmanchados e na farinha de rosca. Guardar na geladeira, debaixo de papel-filme, por cerca de trinta minutos. Retirar. Dourar, por imersão, em óleo de milho, a uma temperatura média, cerca de 140 graus. Escorrer sobre um papel absorvente. No prato que for à mesa, colocar os gomos de limão.

LULAS À MODA DO TIÊ

INGREDIENTES, PARA UMA PESSOA:
2 lulas, cerca de 75g cada, já limpas, ainda cruas
Azeite de olivas
1 colher, de chá, bem cheia, de alho trituradinho
1 colher, de chá, bem cheia, de gengibre finamente ralado
6 colheres, de sopa, de molho do tipo shoyu
2 colheres, de sopa, de mel natural, de flores

MODO DE FAZER:
Untar, com um pouco de azeite, uma frigideira do tipo grelha, daquelas com ranhuras no seu fundo. Em fogo manso, dourar as lulas, dois minutos de cada lado. Paralelamente, em outra frigideira, de fundo liso, sobre duas colheres, de sopa, de azeite, murchar o alho e o gengibre. Despejar o *shoyu* e o mel. Levar à fervura. No molho, terminar o cozimento das lulas.

LULAS RECHEADAS DO SL

INGREDIENTES, PARA UMA PESSOA:
Azeite de olivas
1 dente de alho, bem trituradinho
2 camarões, médios, bem picadinhos
2 colheres, de sopa, cheias, de ricota fresca
1 colher, de chá, cheia, de manjericão batidinho
Sal
2 lulas, cerca de 75g já limpas, ainda cruas
Gemas de ovo
1 ½ xícara, de chá, de molho de tomates
16 folhinhas bem bonitinhas de manjericão fresco

MODO DE FAZER;
Numa frigideira, sobre um fundo de azeite, murchar o alho. Rapidamente, refogar os camarões. Retirar do calor. Esperar que resfriem. Numa cumbuca, combinar os camarões, a ricota e o manjericão batidinho. Misturar muito bem. Acertar o ponto do sal. Rechear cada uma das lulas com metade dessa massa. Fechar as aberturas das lulas com palitos. Desmanchar as gemas e condimento com o sal necessário. Pincelar as uvas com as gemas. Numa terrina refratária, untada com azeite, depositar as lulas. Cobrir com papel-alumínio e levar ao forno, médio, pré-aquecido, por cerca de dez minutos. Paralelamente, aquecer o molho de tomates. No último instante, agregar as folhinhas de manjericão e, se necessário, ajustar o teor de sal. Quando as lulas chegam ao ponto, colocar no prato respectivo e banhar com o seu molho.

POLVOS

Não creia na lenda que pede o espancamento dos polvos, depois de mortos, para ficarem macios. Tolice. Bater polvos contra uma superfície qualquer se faz somente quando se capturam os cefalópodes com a mão, nas suas tocas de pedra. No caso, os golpes servem para que os bichos soltem os seus tentáculos do braço em que se agarraram. Também não creia na lenda de que os polvos exigem um longo tempo de cozimento para ficarem tenros à mastigação. Ao contrário, pela quantidade enorme de água que existe na composição do seu tecido, cerca de 75%, polvos só precisam transpirar até atingir o ponto correto, aquele em que preservam a sua textura singular.

Eis o método ideal de pré-preparo: numa panela grande, sobre um fundo de azeite e de vinho branco, folhas de louro e dentes de alho, leve os polvos, já limpos pelo fornecedor, ao fogo brando; obviamente, com a panela tampada. Os polvos estarão prontinhos quando os seus corpos exibirem, digamos, sinais de sofrimento. Ou quando os seus tentáculos começarem a se enrodilhar, a se curvar, no rumo das cabeças. Daí, com uma faca bem afiada, basta separar os tentáculos do restante dos corpos. Geralmente, não se aproveita a cabeçorra. Quanto a manter ou não as ventosas, facilmente extraídas, também, com uma faca bem afiada, fica de acordo com a predileção específica de quem me lê.

Evidentemente, filtre e guarde o líquido que resultar do pré-preparo.

SASHIMI DE POLVO À MODA DO BODÃO

Ingredientes, para uma pessoa:
200g de tentáculos de polvo, cozidos e limpos
50g de salsão à juliana
4 colheres, de sopa, de azeite de olivas
2 colheres, de sopa, de sumo de limão
Sal
Salsinha verde, batidinha

Modo de fazer:
Cortar os tentáculos, diagonalmente, em lâminas bem finas. Espalhar, elegantemente, num prato de tamanho justo. Numa cumbuca, combinar o salsão, o azeite e o limão. Acertar o ponto do sal. Espalhar esse molho sobre o polvo. Pulverizar o conjunto com a salsinha batidinha.

POLVO ENSOPADO À SIRACUSANA

INGREDIENTES, PARA UMA PESSOA:
200g de tentáculos de polvo, cozidos e limpos
Vinho branco, bem seco
Azeite de olivas
½ cebola, branca, cortada em gomos
1 xícara, de chá, do caldo da pré-preparação do polvo
½ xícara, de chá, de polpa peneirada de tomates
Sal
Pitadas de orégano

MODO DE FAZER:
Cortar os tentáculos diagonalmente, em fatias de cerca de 1cm de espessura. Colocar numa cumbuca. Cobrir com o vinho branco. Na geladeira, marinar por uma hora. Numa caçarola, sobre um fundo de azeite, murchar os gomos de cebola. Colocar uma colher de mesa do vinho do polvo, mais o caldo da sua pré-preparação. Levar à fervura. Rebaixar o calor. Agregar a polpa de tomates. Misturar e remisturar. Reduzir o volume a cerca de 3/4 do original. Incorporar as fatias de polvo. Aquecer. No último instante, acertar o ponto do sal e temperar, a gosto, com o orégano.

ARROZ DE POLVO

INGREDIENTES, PARA UMA PESSOA:
200g de tentáculos de polvo, cozidos e limpos
Vinho branco, bem seco
1 colher, de sopa, cheia, de manteiga, sem sal
1 colher, de chá, de alho trituradinho
1 ½ xícara, de chá, de arroz, já cozido, bem al dente
½ xícara, de chá, do caldo da pré-preparação do polvo
1 colher, de mesa, de polpa peneirada de tomates
Sal
Mais uma pelota de manteiga
2 colheres, de sopa, de queijo do tipo parmesão, ralado

MODO DE FAZER:
Cortar os tentáculos diagonalmente, em fatias de cerca de 1cm de espessura. Colocar numa cumbuca. Cobrir com o vinho branco. Na geladeira, marinar por uma hora. Numa frigideira, derreter a manteiga, sem permitir que espume. Murchar o alho. Colocar uma colher de mesa do vinho do polvo. Incorporar as fatias de polvo e o arroz. Misturar e remisturar. Despejar o caldo do polvo e a polpa de tomates. Em fogo brando, aquecer. Acertar o ponto do sal. No último instante, aveludar o conjunto com mais uma pelotinha de manteiga e com o queijo parmesão ralado.

POLVO À NAPOLITANA

INGREDIENTES, PARA UMA PESSOA:
200g de tentáculos de polvo, cozidos e limpos
Vinho branco, bem seco
Azeite de olivas
1 colher, de chá, de alho trituradinho
1 colher, de sopa, de cebolinha verde, batidinha
1 xícara, de chá, de dadinhos de tomate
½ xícara, de chá, do caldo da pré-preparação do polvo
Sal
1 colher, de café, de pimenta vermelha, sem as sementes, picada
150g de spaghetti, pré-cozidos, um pouco antes do seu ponto al dente

MODO DE FAZER:
Cortar os tentáculos diagonalmente, em fatias de cerca de 1cm de espessura. Colocar numa cumbuca. Cobrir com o vinho branco. Na geladeira, marinar por uma hora. Numa frigideira, sobre um fundo de azeite, murchar o alho e a cebolinha. Colocar uma colher de sopa do vinho do polvo e os dadinhos de tomate. Misturar e remisturar. Agregar o caldo do polvo. Em fogo bem suave, manter até que os dadinhos de tomate ameacem se desmanchar. Despejar o caldo do polvo e as suas fatias. Aquecer. Acertar o ponto do sal e temperar com a pimenta vermelha. Misturar. Colocar a massa no molho. Delicadamente, por cerca de trinta segundos, virar e revirar a massa no molho. Importante: esta receita não leva qualquer tipo de queijo ralado.

Crustáceos

CARANGUEJOS & KANIKAMA

O caranguejo, o siri e os seus correlatos ostentam a carne mais tenra, mais delicada e mais saborosamente peculiar dentre os frutos de rio e mar. Daí a necessidade de tratá-la, na culinária, com um mínimo de agressividade. Ou seja, no calor mais baixo que o fogão possa permitir. Além disso, ao fazer a sua compra, não deixe de verificar, com o fornecedor, se a matéria-prima não foi previamente cozida. Nesse caso, bastará, meramente, reaquecê-la.

Originário do Japão, o kanikama, ou surimi, é na verdade um produto industrializado, uma espécie de emulsão de carne de peixe branco e carne de caranguejo, numa proporção que varia de acordo com o fabricante – mas que, em geral, mantém a predominância do peixe branco. Depois de processada e de receber um gosto artificial de caranguejo, essa emulsão passa por um extrusor, que lhe impõe o formato de uma barra. O tom vermelho que domina uma das faces da barra resulta de uma coloração também artificial. Na última etapa do processamento, o kanikama entra num túnel de congelamento rápido e desembarca no setor de embalamento. Embora tire um pouco da sua magia, essa informação não desvaloriza a sua qualidade e nem a sua versatilidade.

CARANGUEJO NA VINAIGRETTE DE MENTA

INGREDIENTES, PARA UMA PESSOA:
12 patinhas de caranguejo, limpas, cozidas no bafo
2 colheres, de sopa, bem cheias, de cebola picada
1 colher, de sopa, bem cheia, de dadinhos de tomate
1 colher de sopa, bem cheia, de dadinhos de pimentão verde
1 colher de sopa, rasa, de hortelã fresca, bem batidinha
3 colheres, de sopa, de azeite de olivas
1 colher, de sopa, de vinagre balsâmico
Sal
Pimenta-do-reino, preferivelmente moída na hora

MODO DE FAZER:
Misturar muito bem a cebola, o tomate, o pimentão verde, a hortelã, o azeite e o vinagre. Marinar, na geladeira, por cerca de trinta minutos. Acertar o ponto do sal e da pimenta-do-reino. Espalhar esse molho, generosamente, sobre as patinhas de caranguejo, apenas cozidas no bafo.

CASQUINHA DE CARANGUEJO

INGREDIENTES, PARA UMA PESSOA:
1 colher, de sopa, rasa, de manteiga sem sal
1 colher, de sopa, rasa, de cebola branca, micrometricamente picada
1 colher, de sopa, de polpa peneirada de tomates
1 colher, de sopa, média, de farinha de trigo, dissolvida em ¼ de xícara, de chá, de leite
1 colher, de chá, de creme de leite (ou, caso prefira, de creme de coco
75g de carne de caranguejo, desfiada
Sal
Pimenta-do-reino
Farinha de rosca
Queijo parmesão, ralado
Uma casquinha, vazia, de siri – ou casquinha de vieira

MODO DE FAZER:
Numa caçarola, derreter a manteiga. Murchar a cebola. Agregar a polpa de tomates e a farinha dissolvida. Mexer e remexer, até que a mistura se transforme em uma pasta bem homogênea e bem cozida. Agregar o creme e a carne de caranguejo. Misturar e remisturar. Acertar o ponto do sal e da pimenta-do-reino. Colocar a massa no vazio da casquinha. Por cima, colocar um pouco de farinha de rosca e de parmesão. Levar ao forno e gratinar.

QUICHE DE CARANGUEJO

INGREDIENTES, PARA UMA FORMA:
1 copo, normal, de farinha de trigo
100g de manteiga, sem sal, amolecida em temperatura ambiente
1 pitada de sal
4 colheres, de sopa, de água
Mais manteiga
Mais farinha de trigo
4 ovos, batidos
Mais sal
Pimenta-do-reino, preferivelmente moída no momento
Mais 1 colher, de sopa, normal, de manteiga
2 colheres, de sopa, de cebolinha verde, picada
2 colheres, de sopa, de salsinha verde, batidinha
250g de creme de leite, tipo longa-vida
12 colheres, de sopa, bem cheias, de carne de caranguejo, desfiada
1 colher, de sopa, de polpa peneirada de tomates
Noz-moscada

MODO DE FAZER:
Combinar a farinha, a manteiga amolecida, a pitada de sal e a água. Trabalhar a massa até que se mostre bem ligada. Fazer uma bola. Colocar numa travessa, cobrir com um pano limpo e guardar na geladeira, por uma hora. Untar uma forma alta, de 20cm de diâmetro, com mais manteiga. Moldar a massa na forma, deixando bordas altas nas laterais. Polvilhar com mais farinha de trigo. Espalhar a farinha muito bem, virando e revirando a forma. Temperar os ovos com o sal, com a pimenta-do-reino e com a noz-moscada. No restante da manteiga, murchar a cebolinha verde e a salsinha. Resfriar um pouco. Agregar os ovos, o creme, a carne de caranguejo e a polpa de tomates. Remisturar. Acertar o ponto do sal e da pimenta-do-reino. Encher o vazio da massa com a mistura. Cobrir com papel-alumínio. Diminuir a temperatura ao mínimo possível e assar por mais nove minutos. Retirar o papel-alumínio e dourar o topo por mais sessenta segundos.

VERDES E KANIKAMA NO MOLHO DE FRUTAS

INGREDIENTES, PARA UMA PESSOA:
4 colheres, de sopa, de azeite de olivas
1 colher, de sopa, de sumo de laranja
1 colher, de sopa, de sumo de limão
Sal
Pimenta-do-reino
4 bolinhas de manga
4 bolinhas de melão
4 bolinhas de melancia
2 folhas de alface americana
2 folhas de alface crespa
4 folhas de rúcula
2 folhas de endívia
75g de kanikama desfiadinho

MODO DE FAZER:
Numa cumbuca, combinar o azeite, o sumo de laranja e o sumo de limão. Acertar o ponto do sal e da pimenta-do-reino. Colocar as 12 pelotinhas de frutas nesse molho. Marinar por dez minutos. Num prato raso, de bom tamanho, elegantemente espalhar as folhas de alface e de rúcula, por grupos e cores. Sobre a rúcula, depositar as duas folhas de endívia. Dentro dos vazios da endívia, depositar o kanikama. Por cima dos outros verdes, espalhar, charmosamente, o molho de azeite *etcetera* e as pelotinhas de frutas.

ISCAS DE KANI AO MEIO-DIA

INGREDIENTES, PARA UMA PESSOA:
½ melão cantaloupe
1 copo, normal, de vinho branco, tipo Moscato, de qualidade
1 cálice de vinho do Porto
6 barrinhas de kanikama
6 fatias de presunto cru, tipo Parma, com o mínimo de gordura
2 colheres, de sopa, de azeite de olivas
1 raminho de hortelã

MODO DE FAZER:
Eliminar as sementes do melão. Então, com um apetrecho apropriado, fazer um bom punhado de bolinhas, iguais. Colocar as bolinhas de banho no vinho branco e no Porto. Marinar, por cerca de cinco minutos. Embrulhar as barrinhas de kanikama com o presunto. Prender com palitos. Rapidamente, dourar as barrinhas no azeite, apenas o tempo suficiente para o presunto mudar de cor e para as barrinhas se aquecerem. Escorrer muito bem. Depositar as bolinhas de melão bem no centro de um prato grande. Ao redor, elegantemente, como os raios de um sol, colocar as barrinhas de kani e presunto. Banhar as bolinhas com os dois vinhos. Enfeitar com a hortelã.

CAMARÕES

Eu lastimo cada vez em que freqüento um restaurante e percebo, no prato de um parceiro de mesa, a abominável destruição dos camarões tão fantasiados no momento do pedido. Sim, prato de um parceiro – pois eu, só em ocasiões raríssimas, diante de cozinhas de extrema confiança, solicito os crustáceos nobres e caríssimos. Invariavelmente, os cucas de plantão, que deveriam mostrar mais respeito, ultrapassam, e muito, os pontos justos e ideais de calor. E os pobres camarões se engruvinham, endurecem, se arruinam.

Para eliminar liminarmente tal desgraça, desenvolvi uma técnica básica de pré-preparo – que tento passar adiante, sempre que consigo. Uma técnica que, aqui, eternizo, por escrito. Compro camarões dos graúdos, inteiros, com as cabeças e com as carapaças, sem manchas escuras nas suas cascas – as manchas escuras representam uma oxidação provocada pela má conservação dos crustáceos entre a pesca e o fornecedor final. Sugerem que não foram conservados no gelo indispensável e que se expuseram ao risco do ar livre.

Na bancada, ao lado de meu fogão, deixo uma bacia bem grande, com água do filtro e com um batalhão de cubos de gelo. Então, numa frigideira bem ampla, sem nenhum tipo de gordura, simplesmente chapeio os camarões, um minuto de cada lado. Encerrada essa parte da operação, no quente, lanço os crustáceos na bacia. O súbito choque térmico provocará duas reações imediatas. A carne dos camarões se contrairá, fechando os seus poros e facilitando a sua limpeza posterior. Assim, ficará muito mais fácil retirar as suas cabeças, as suas carapaças e as suas vísceras, ficará muito mais fácil preservar as extremidades das caudas, normalmente mutiladas pelo jejum.

Basta, enfim, colocar os camarões em uma vasilha adequada, cobri-la com papel-filme e guardá-la no refrigerador. Camarões, assim pré-tratados, resistem a quase uma semana – antes, claro, de serem utilizados no fogão.

Mais uma informação preciosa: existem camarões vegetarianos, aqueles que se alimentam, exclusivamente de algas e de plâncton; camarões canibais, que se alimentam de minicrustáceos; e camarões onívoros, que se alimentam de tudo, inclusive detritos do fundo do oceano. Como reconhecer os três tipos? Entre os seus corpos e as suas cabeças, os camarões ostentam um órgão único, o seu digestor, chamado de hepatopâncreas. Nos vegetarianos, esse órgão tem uma tonalidade esverdeada. Nos canibais, tonalidade alaranjada. Nos outros, a cor quase chega ao negro. Os vegetarianos são disparadamente melhores.

COQUETEL DE CAMARÕES

INGREDIENTES, PARA UMA PESSOA:
1 colher, de sopa, de creme de leite, fresco
1 colher, de sopa, de maionese
3 colheres, de sopa, de ketchup, de preferência o picante
1 colher, de sopa, de conhaque de vinho
Gotinhas de Tabasco
1 toquezinho de pasta de raiz forte, a wasabi dos restaurantes orientais
6 camarões, graúdos, já tratados com a minha técnica básica

MODO DE FAZER:
Numa cumbuca, combinar muito bem o creme de leite, a maionese, o ketchup, o conhaque, o Tabasco e a raiz forte. Refrigerar, até o momento de servir. Cortar um dos camarões em pedacinhos, de acordo com as suas juntas anatômicas. Misturar os pedacinhos ao molho. Colocar o molho e os pedacinhos no fundo de uma taça. Delicadamente, dependurar os outros quatro crustáceos, com as caudas para baixo, na borda do recipiente.

CAMARÕES À PRINCESINHA

INGREDIENTES, PARA UMA PESSOA:
6 tomatinhos do tipo cereja
2 colheres, de sopa, de azeite de olivas
4 colheres, de sopa, de sumo de laranja-de-umbigo, coado
Sal
Pimenta-do-reino
18 folhinhas de manjericão
6 camarões, graúdos, já tratados com a minha técnica básica
Mais azeite

MODO DE FAZER:
Cortar os tomatinhos ao meio, na vertical. Fazer um molho bem emulsionado com o azeite, o sumo de laranja, o sal necessário, um toque de pimenta-do-reino e as folhinhas de manjericão. Deixar os tomatinhos de banho nessa mistura. Com uma faca bem afiada, cortar os camarões ao meio, no sentido do seu comprimento, da parte mais grossa na direção da cauda, até a metade do corpo – de modo a lhes impor o desenho de um Y. Rapidamente, não mais do que três minutos, um e meio de cada lado, dourar os camarões em azeite. Primeiro, com a parte aberta para baixo. Depois, do outro lado. Assim, o Y ficará absolutamente perfeito. Escorrer os tomatinhos. Colocar os camarões, equilibradamente, num prato de bom tamanho, as partes abertas de cada Y para dentro. No vazio de cada Y, encaixar uma metade de tomatinho, a parte cortada para baixo. Preencher o meio do prato com o restante. Banhar com o molho e com mais um fio bem generoso de azeite.

CAMARÕES À PROVENÇAL

INGREDIENTES, PARA UMA PESSOA:
6 camarões, graúdos, já tratados com a minha técnica básica
Sal
Pimenta-do-reino, preferivelmente moída na hora
Sumo de limão, coado
2 colheres, de sopa, de manteiga
4 dentes de alho, em lâminas delicadas
2 colheres, de sopa, de vinho branco, bem seco
1 colher, de chá, de ervas-da-provença
4 azeitonas, pretas, sem os caroços, em lasquinhas
½ tomate, sem as sementes, cortado em minidadinhos

MODO DE FAZER:
Temperar os camarões com o sal, com a pimenta-do-reino e com um pouco de sumo de limão coado. Numa frigideira, aquecer a manteiga, sem permitir que se doure. Na manteiga, murchar os dentes de alho. Despejar o vinho branco. Esperar que o seu álcool se evapore. Reduzir. Refogar os camarões. Cozinhar, não mais do que três minutos, um e meio de cada lado. Pulverizar com as ervas. Colocar as azeitonas e os dadinhos de tomate. Virar e revirar por mais trinta segundos. Servir com arroz puxadinho no próprio fundo da frigideira e com batatas salteadas na manteiga.

CAMARÕES À VICENTINA

INGREDIENTES, PARA UMA PESSOA:
½ berinjela, das grandes
Sal
Azeite de olivas
Vinagre balsâmico
Manjericão picado
8 colheres, de sopa, de manteiga
3 dentes de alho, triturados
4 colheres, de sopa, de suco de laranjas
6 camarões, graúdos, já tratados com a minha técnica básica

MODO DE FAZER:
No sentido do seu comprimento, cortar a berinjela em fatias, 5mm de espessura. No mesmo sentido, e na mesma espessura, cortar as fatias em tiras de 5cm. Colocar as tiras numa terrina. Temperar com o sal. Banhar com três partes de azeite para uma de vinagre. Mexer e remexer, muito bem, para que todas as tiras absorvam os condimentos por igual. Despejar um bom punhado de manjericão. Misturar e remisturar. Espalhar as tiras numa assadeira. Levar ao forno fraco, até que as tiras comecem a murchar e a escurecer. Tomar todo o cuidado para que elas não queimem ou não grudem no fundo da assadeira. Enquanto isso, numa frigideira, derreter a manteiga. Murchar o alho. Acrescentar o suco de laranjas e mais um bom punhado de manjericão. Em fogo suave, mexer e remexer, vigorosamente, com uma colher de pau, para emulsionar toda a manteiga ao suco de laranjas. Retirar do calor. Deixar que a manteiga comece a reendurecer naturalmente, virando e revirando de vez em quando. Com uma faca bem afiada, cortar os camarões ao meio, no sentido do seu comprimento, da parte mais grossa na direção da cauda, até a metade do corpo – de modo a lhes impor o desenho de um Y. Untar os camarões muito bem com a pasta de manteiga e laranja. Colocar os camarões noutra assadeira, forçando o desenho do Y para baixo, as pontas das caudas para cima. Levar ao forno médio, por seis ou sete minutos. Com as

tiras das berinjelas, criar uma cúpula no centro de cada prato. Apoiar os camarões nessa cúpula, sempre o Y para baixo e as pontas para cima. Rapidamente, reaquecer o restante da manteiga e servi-la como molho do conjunto.

CAMARÕES DO LUCAS COM PALMITO FRESCO

INGREDIENTES, PARA UMA PESSOA:
4 colheres, de sopa, de azeite de olivas
½ cebola, grande, cortada em gomos
3 tomates, bem vermelhos, sem as sementes, em dadinhos
½ pimenta, dedo-de-moça, sem as sementes, bem picadinha
6 rodelas de palmito de pupunha, cruas, de cerca de 5mm de espessura
6 camarões, graúdos, já tratados com a minha técnica básica
2 colheres, de sopa, de salsinha verde, miocrometricamente batida
Sal

MODO DE FAZER:
Numa frigideira, em fogo médio, aquecer o azeite. Murchar os gomos de cebola. Agregar os tomates picados. Virar e revirar, com uma colher de pau, até que os tomates comecem a se desmanchar. Colocar a pimenta. Misturar e remisturar por alguns instantes. Incorporar as rodelas de palmito. Cozinhar por três ou quatro minutos. Depositar os camarões por cima do molho, deixando que eles se cozinhem no seu vapor, dois minutos de cada lado. Então, cuidadosamente, para não machucar as rodelas de palmito, misturar e remisturar. Despejar a salsinha. Acertar, se necessário, o ponto do sal. Servir com arroz branco soltinho e com batatinhas fritas.

CAMARÕES À BAHIANA

INGREDIENTES, PARA UMA PESSOA:
2 colheres, de sopa, de azeite de olivas
2 colheres, de sopa, de azeite de dendê
½ cebola, grande, cortada em gomos
3 tomates, bem vermelhos, sem as sementes, em dadinhos
4 colheres, de sopa, de creme de coco
½ pimenta, dedo-de-moça, sem as sementes, bem picadinha
6 camarões, graúdos, já tratados com a minha técnica básica
2 colheres, de sopa, de salsinha verde, miocrometricamente batida
Sal

MODO DE FAZER:
Numa frigideira, em fogo médio, aquecer o azeite e o dendê. Murchar os gomos de cebola. Agregar os tomates. Virar e revirar, com uma colher de pau, até que os tomates comecem a se desmanchar. Colocar a pimenta. Misturar e remisturar por alguns instantes. Incorporar o creme de coco. Manter por três ou quatro minutos. Depositar os camarões por cima do molho, deixando que eles se cozinhem no seu vapor, dois minutos de cada lado. Daí, cuidadosamente misturar e remisturar. Despejar a salsinha. Acertar o ponto do sal. Servir com arroz branco soltinho e com batatinhas fritas.

MOQUECA DE CAMARÕES NA FRIGIDEIRA

Ingredientes, para uma pessoa:
2 colheres, de sopa, de azeite de olivas
2 colheres, de sopa, de azeite de dendê
½ cebola, grande, cortada em gomos
2 tomates, bem vermelhos, sem as sementes, picados
½ pimentão verde, sem as sementes e sem os brancos internos, em tiras de 1cm x 4cm
1 dente de cravo
1 colher, de café, de grãos de coentro, levemente quabrados
½ xícara, de chá, de caldo pré-pronto de camarões
4 colheres, de sopa, de creme de coco
½ pimenta, dedo-de-moça, sem as sementes, picadinha
Sal
6 camarões, graúdos, já tratados com a minha técnica básica
1 colher, de sopa, de salsinha verde, picada
1 colher, de chá, de coentro fresco, picado

Modo de fazer:
Numa frigideira, aquecer o azeite e o dendê. Murchar a cebola. Agregar os tomates, o pimentão verde, o cravo e os grãos de coentro. Virar e revirar, com uma colher de pau, até que os tomates comecem a se desmanchar. Misturar e remisturar por alguns instantes. Despejar o caldo de camarões e o creme de coco. Levar à fervura. Reduzir a chama. Acrescentar a pimenta. Acertar o ponto do sal. Misturar e remisturar. Manter por três ou quatro minutos. Depositar os camarões por cima do molho, deixando que eles se cozinhem no seu vapor, dois minutos de cada lado. Daí, cuidadosamente misturar e remisturar. Despejar a salsinha e o coentro fresco. Esperar mais um instante. Revirar. Servir com arroz branco e com batatinhas fritas.

CAMARÕES À ADRIÁTICA

INGREDIENTES, PARA UMA PESSOA:
1 colher, de sopa, cheia, de manteiga
1 colher, de sopa, cheia, de cebolinha verde, em argolas
6 camarões, graúdos, tratados com a minha técnica básica
Sal
Pimenta-do-reino
Conhaque de vinho
1 xícara, de chá, de molho de tomates
1 colher, de café, cheia, de pimenta dedo-de-moça, sem as sementes, picadinha
1 colher, de sopa, bem cheia, de salsinha verde batidinha
1 colher, de chá, cheia, de orégano

MODO DE FAZER:
Derreter a manteiga. Murchar a cebolinha. Dourar, um instante de cada lado, os camarões, já temperados com o sal e com a pimenta-do-reino. Flambar com o conhaque. Colocar o molho de tomates e a pimenta. Cozinhar por mais quatro minutos. Caso necessário, arredondar o ponto do sal e da pimenta-do-reino. No último instante, incorporar a salsinha e o orégano. Misturar muito bem. Servir com arroz branco e com batatinhas fritas.

CAMARÕES DON EDOARDO

INGREDIENTES, PARA UMA PESSOA:
1 colher, de sopa, cheia, de manteiga
1 colher, de sopa, cheia, de cebolinha verde, em argolas
4 dentes de alho, em lasquinhas
2 cálices de vinho branco, bem seco
¼ de pimentão verde, em tiras de 1cm x 4cm
¼ pimentão amarelo, idem
6 camarões, graúdos, já tratados com a minha técnica básica
Sal
Pimenta-do-reino
2 cálices de uísque Jack Daniel's
¾ de xícara, de chá, de molho de tomates, bem denso
6 azeitonas pretas, em lascas
1 colher, de sopa, de alcaparras
Orégano

MODO DE FAZER:
Derreter a manteiga. Murchar a cebolinha e o alho. Despejar o vinho. Levar à fervura. Reduzir um pouco. Agregar os pimentões. Murchar. Dourar, um minuto de cada lado, os camarões, já temperados com o sal e com a pimenta-do-reino. Flambar com o Jack Daniel's. Colocar o molho de tomates, as azeitonas e as alcaparras. Cozinhar por mais três minutos. Caso necessário, arredondar o ponto do sal e da pimenta-do-reino. No último instante, incorporar o orégano. Servir com arroz e com batatinhas fritas.

CAMARÕES À ORIENTAL

Ingredientes, para uma pessoa:
1 colher, de sopa, cheia, de manteiga
1 colher, de sopa, cheia, de cebola branca, trituradinha
6 camarões, graúdos, já tratados com a minha técnica básica
Sal
Pimenta-do-reino
Conhaque de vinho
1 xícara, de chá, de molho de tomates
2 colheres, de sopa, de mel
1 colher, de sopa, de vinagre balsâmico
1 sachezinho de chá erva-cidreira

Modo de fazer:
Derreter a manteiga. Murchar a cebola. Dourar, um minuto de cada lado, os camarões já temperados com o sal e com a pimenta-do-reino. Flambar com o conhaque. Colocar o molho de tomates, o mel e o vinagre. Misturar e remisturar muito bem. Agregar a erva-cidreira. Cozinhar, por mais três minutos. Caso necessário, arredondar o ponto do sal e da pimenta. Não esquecer de retirar o sachê, que deve ficar com o seu barbante para fora da panela. Servir com arroz branco e com uma batata assada.

CHOP SUEY DE CAMARÕES

INGREDIENTES, PARA UMA PESSOA:
Óleo de milho
¼ de pimentão verde, cortado em tirinhas delicadas
¼ de pimentão amarelo, idem
¼ de pimentão vermelho, idem
2 colheres de sopa, cheias, de salsão à juliana
¼ de cenoura, idem
2 colheres de sopa de broto de bambu, idem
6 camarões, graúdos, já tratados com a minha técnica básica
Sal
Pimenta-do-reino, moída na hora
1 colher, de mesa, de polpa peneirada de tomates
1 colher, de sobremesa, de suco de abacaxi
2 colheres, de sobremesa, de molho shoyu
¼ de xícara, de chá, de moyashii, ou brotinhos bem fresquinhos de feijão

MODO DE FAZER:
Numa frigideira bem larga, aquecer um fundo de óleo de milho. Rapidamente, murchar o pimentão verde, o pimentão amarelo, o pimentão vermelho, o salsão e a cenoura. Agregar, então, o broto de bambu e os camarões, cuidadosamente cortados ao meio, no sentido do comprimento, e já temperados com o sal e com a pimenta-do-reino. Mexer e remexer por dois minutos. Despejar a polpa de tomates, o suco de abacaxi e o molho de soja. Cozinhar por mais dois minutos. No instante derradeiro, acrescentas os brotos de feijão. Servir com arroz chinês, misturado a ervilhas, lasquinhas de omelete e dadinhos bem pequeninos de presunto cozido, rosado, sem gorduras.

CAMARÕES NO CATUPIRY VERDADEIRO

INGREDIENTES, PARA UMA PESSOA:
1 forma, pequena, de queijo Catupiry
1 colher, de sopa, de manteiga
1 dente de alho, trituradinho
1 cebolinha verde, bem batidinha
6 camarões, graúdos, já tratados com a minha técnica básica
Sal
Pimenta-do-reino
2 colheres, de sopa, de conhaque de vinho
¾ de xícara, de chá, de polpa peneirada de tomates
Parmesão ralado

MODO DE FAZER:
Usar 3/4 do Catupiry, como se fosse uma massa de torta, para forrar o fundo e os lados de uma cumbuca de barro. Reservar o quarto restante. Numa frigideira de fundo triplo, derreter a manteiga. Murchar o alho e a cebolinha. Colocar os camarões. Temperar com sal e com pimenta-do-reino. Virar e revirar, rapidamente. Flambar com o conhaque. Despejar a polpa de tomates. Mexer e remexer. Retirar do calor. Acertar o ponto do sal e da pimenta-do-reino. Depositar os camarões e o molho no vazio deixado pelo Catupiry na cumbuca. Por cima, espalhar o quarto restante do Catupiry, desmanchado em pedacinhos. Pulverizar com abundante parmesão. Cobrir a cumbuca com papel-alumínio. Levar ao forno forte, pré-aquecido, em banho-maria, até que o Catupiry comece a se desmanchar. Retirar o papel-alumínio. Pulverizar mais parmesão. Devolver ao forno e gratinar o queijo. Servir com arroz branco bem soltinho e com batatinhas do tipo palha.

GUISADO DE CAMARÕES E UVAS NA MORANGUINHA

INGREDIENTES, PARA UMA PESSOA:
1 moranguinha, pequena, de 15cm de diâmetro
Manteiga
¼ de cebola, branca, picadinha
6 camarões, graúdos, já tratados com a minha técnica básica
Sal
Pimenta-do-reino
2 colheres, de sopa, de vinho branco, bem seco
½ xícara, de chá, de polpa peneirada de tomates
3 uvas verdes, do tipo Itália, sem as peles, cortadas ao meio e sem os caroços
3 uvas pretas, das bem grandes, idem
Salsinha verde, batidinha

MODO DE FAZER:
Cortar a tampa da moranguinha. Eliminar as sementes. Com uma colher, e o máximo de cuidado, escavar o seu interior, deixando uma espessura de dois dedos. Cortar a polpa em cubinhos de 2cm de lado. Cozinhar, em água e sal, até que os cubinhos comecem a se amaciar. Atenção: em hipótese nenhuma permitir que eles se desmanchem. Escorrer. Reservar. Temperar os camarões com o sal e com a pimenta-do-reino. Numa caçarola, derreter a manteiga. Murchar a cebola. Amolecer os cubinhos da moranga. Daí, por um minuto, trinta segundos de cada lado, refogar os crustáceos. Banhar com o vinho banco. Ferver, para que o álcool do vinho se evapore. Agregar a polpa de tomates. Mexer e remexer. Manter, em chama suave, por mais dois minutos. Acertar, se necessário, o ponto do sal e da pimenta-do-reino. Agregar as uvas. Apenas aquecê-las. Levar a moranga à mesa, sobre o prato, com os camarões etcetera no seu vazio. Ao lado, servir arroz branco.

CAMARÕES DO ELVIS PRESLEY

INGREDIENTES, PARA UMA PESSOA:
1 abacaxi, de tamanho médio
6 camarões, já tratados com a minha técnica básica
Sal
Pimenta-do-reino
1 colher, de sopa, cheia, de manteiga
1 colher, de sopa, de cebola branca, bem picadinha
½ xícara, de chá, de champanha de boa qualidade
2 colheres, de sopa, de creme de leite
1 colher, de chá, de hortelã fresca, batidinha

MODO DE FAZER:
Com uma faca bem afiada, no sentido do seu comprimento, cortar o topo do abacaxi, expondo o seu interior – mas mantendo a sua coroa intacta. Com a mesma faca, apenas tirar uma lasca da parte inferior do abacaxi, de modo que possa se apoiar no prato que for à mesa. Com o máximo de cuidado, mantendo uma margem, extrair a polpa do abacaxi e cortar em cubinhos de 1cm de lado. Temperar os camarões com sal e com pimenta-do-reino. Cortar quatro dos camarões em pedaços, de acordo com as suas juntas anatômicas. Preservar dois, inteiros. Numa frigideira, derreter a manteiga. Murchar a cebola e os dadinhos de abacaxi. Agregar os camarões, aqueles em pedaços e também os inteiros. Cozinhar, em fogo baixo, por dois minutos. Despejar o a champanha e o creme de leite. No momento em que o conjunto ameaçar as primeiras borbulhas, agregar uma colher, de chá, de hortelã bem picadinha. Preencher o vazio do abacaxi com os camarões etcetera. Usar os inteiros para enfeitar o topo do conjunto. Também enfeitar com um belo raminho de hortelã. Servir com arroz branco, ao lado.

CAMARÕES PREMIADOS EM MANGA E MARACUJÁ

INGREDIENTES, PARA UMA PESSOA:
6 camarões, graúdos, já tratados com a minha técnica básica
Sal
Pimenta-do-reino
2 colheres, de sopa, médias, de manteiga
2/3 de xícara, de chá, de suco de manga, bem denso
1/3 de concha de creme de-leite, do tipo longa-vida
1 colher, de sopa, de suco de maracujá
Curry picante
1 rosinha de casca de tomate
1 colher, de sopa, de cebolinha verde, em argolinhas
Uma colherada de sementinhas de maracujá, fresco

MODO DE FAZER:
Temperar os camarões com o sal e com a pimenta-do-reino. Untá-los com um pouco da manteiga. Assar, ao forno, três minutos de cada lado. Paralelamente, numa frigideira, derreter o restante da manteiga. Combinar o suco de manga, virando e revirando, até obter uma espécie de emulsão. Colocar o creme de leite. Cozinhar por alguns instantes, mexendo e remexendo, sem parar. Agregar o suco de maracujá e o *curry*, a gosto. No centro do prato, depositar a rosinha de tomate. Ao seu redor, de maneira elegante, as caudas para a borda do prato, depositar os camarões. Cobrir charmosamente, deixando alguns brancos, com o molho dourado. Por cima dos camarões e do molho, espalhar equilibradamente a cebolinha. Enfeitar com a rosinha de tomate e com as sementinhas de maracujá fresco.

CAMARÕES DA VIVI
(Versão simplificada dos Premiados)

Ingredientes, para uma pessoa:
1 colher, de sopa, cheia, de manteiga
1 colher, de sopa, cheia, de cebola branca, trituradinha
6 camarões, graúdos, já tratados com a minha técnica básica
Sal
Pimenta-do-reino
Conhaque de vinho, de boa qualidade
¾ de xícara, de chá, de suco de manga
¼ de xícara, de chá, de creme de leite, fresco
1 colher, de sopa, de suco de maracujá
1 colher, de chá, bem cheia, de curry *em pó, do tipo Madras*

Modo de fazer:
Numa frigideira, derreter a manteiga. Murchar a cebola. Temperar os camarões com o sal e com a pimenta-do-reino. Dourar, um minuto de cada lado. Flambar com o conhaque. Colocar o suco de manga, o creme de leite e o suco de maracujá. Misturar e remisturar, muito bem. Agregar o *curry*. Cozinhar, por mais três minutos. Caso necessário, arredondar o ponto dos condimentos. Servir com arroz branco e batatas fritas.

CAMARÕES AO CURRY, RECEITA CLÁSSICA

INGREDIENTES, PARA UMA PESSOA:
6 camarões, graúdos, já tratados com a minha técnica básica
Sal
Pimenta-do-reino
Sumo de limão
1 colher, de sopa, de manteiga
¾ de xícara, de chá, de creme de leite, fresco
1 colher, de sopa, cheia, de Mango Chutney, passado numa peneira fina
No mínimo, 1 colher de chá, cheia, de curry em pó, do tipo Madras, ultraforte

MODO DE FAZER:
Temperar os camarões com o sal, a pimenta-do-reino e o sumo de limão. Numa frigideira, derreter a manteiga e refogar os camarões, um minuto de cada lado. Em fogo baixo, agregar o creme de leite, o Mango Chutney e o *curry* em pó. Misturar muito bem. Acertar, se necessário, o ponto do *curry*. Cozinhar por mais três minutos. Servir com arroz branco e fritas.

CAMARÕES DO RENATO

INGREDIENTES, PARA UMA PESSOA:
1 colher, de sopa, cheia, de manteiga
1 colher, de sopa, cheia, de cebolinha verde, em argolinhas
6 camarões, graúdos, tratados com a minha técnica básica
Sal
Pimenta-do-reino
Conhaque de vinho, de boa qualidade
2 cálices de vinho branco, bem seco
1 colher, de sopa, de mostarda amarela
¾ de xícara, de chá, de creme de leite, fresco
1 colher, de sopa, rasa, de salsinha verde, muito bem batidinha

MODO DE FAZER:
Derreter a manteiga. Murchar a cebolinha. Dourar, um minuto de cada lado, os camarões, já temperados com o sal e com a pimenta-do-reino. Flambar com o conhaque. Colocar o vinho. Levar à fervura. Agregar a mostarda e o creme de leite. Cozinhar, por mais três minutos. Caso necessário, ajustar o ponto do sal e da pimenta-do-reino. No prato, espalhar a salsinha verde por cima. Servir com arroz branco e batatinhas *sautées*.

CAMARÕES À AMERICANA

INGREDIENTES, PARA UMA PESSOA:
1 colher, de sopa, cheia, de manteiga
6 camarões, graúdos, tratados com a minha técnica básica
Sal
Páprica picante
Conhaque de vinho, de boa qualidade
2 cálices de vinho branco, bem seco
¾ de xícara, de chá, de creme de leite, fresco
¼ de xícara, de chá, de ketchup, preferivelmente o picante
1 colher, de sopa, de mostarda amarela

MODO DE FAZER:
Derreter a manteiga. Temperar os camarões com o sal e com a páprica picante. Dourar, um minuto de cada lado. Flambar com o conhaque. Colocar o vinho. Levar à fervura. Agregar o creme de leite, o ketchup e a mostarda. Misturar e remisturar muito bem. Cozinhar, por mais três minutos. Caso necessário, ajustar o ponto do sal e da páprica picante. Servir com arroz branco soltinho e com uma batata muito bem assada.

CAMARÕES À NEWBURG

Ingredientes, para uma pessoa:
6 camarões, graúdos, já tratados com a minha técnica básica
Sal
Páprica picante
1 colher, de sopa, bem cheia, de manteiga.
1 colher de sopa, bem cheia, de cebolinha verde, cortada em argolinhas
¼ de xícara, de chá, de caldo de camarões
¼ de xícara, de chá, de caldo de peixe
½ xícara, de chá, de creme de leite, fresco
1 colher, de sopa, de polpa peneirada de tomates
1 cálice de xerez, bem seco

Modo de fazer:
Temperar os camarões com o sal e com a páprica. Reservar, por alguns minutos. Numa frigideira, derreter a manteiga. Refogar a cebolinha verde. Dourar os camarões, um minuto de cada lado. Retirar. De novo, reservar. Sobre a manteiga e a cebolinha, despejar o caldo de camarões, o caldo de peixe, o creme de leite, a polpa de tomates, e o xerez. Levar à fervura. Rebaixar o fogo. Reduzir por dois minutos. Recolocar os camarões. Terminar o seu cozimento, mais um minuto de cada lado. Enfeitar com um raminho de estragão fresco. Servir com arroz e com batatinhas *sautées*.

CAMARÕES AO CHAMPAGNE

INGREDIENTES, PARA UMA PESSOA:
1 colher, de sopa, cheia, de manteiga
1 colher, de sopa, cheia, de cebola branca, trituradinha
6 camarões, graúdos, tratados com a minha técnica básica
Sal
Pimenta-do-reino
Conhaque de vinho, de boa qualidade
¼ de xícara, de chá, de champanha bem seca
¾ de xícara, de chá, de creme de leite, fresco
4 champignons, crus, laminados na vertical
6 uvas verdes, cortadas ao meio, sem as peles e sem os caroços

MODO DE FAZER:
Derreter a manteiga. Murchar a cebola. Dourar, um minuto de cada lado, os camarões, já temperados com o sal e com a pimenta-do-reino. Flambar com o conhaque. Colocar o champagne. Levar à fervura. Agregar o creme de leite, os champignons e as uvas. Misturar e remisturar muito bem. Cozinhar, por mais três minutos. Caso necessário, ajustar o ponto do sal e da pimenta. Servir com arroz branco e batatinhas fritas.

BOBÓ DE CAMARÕES

Ingredientes, para uma pessoa:
250kg de mandioca, já descascada, cortada em pedaços de 3cm
Azeite de olivas
1 dente de alho, triturado
¼ de xícara, de chá, de purê de tomates frescos, sem as sementes
1 colher, de chá, de salsinha verde, batida
1 colher, de chá, de coentro, picado
¼ de xícara, de chá, de leite de coco
60g de camarões secos, finamente moídos
1 colher, de café, cheia, de gengibre fresco, ralado
¼ de pimenta, do tipo malagueta, batida, sem as sementes
Pimenta do reino, moída na hora
25g de amendoins, torrados e descascados, moídos
25g de castanhas-de-caju, moídas
Óleo de dendê
Sal
6 camarões, graúdos, já tratados com a minha técnica básica

Modo de fazer:
Numa panela, colocar os pedaços de mandioca. Cobrir com bastante água. Temperar com um pouco de sal. Cozinhar, até que a mandioca amoleça. Retirar, reservando a água. Transformar a mandioca num purê. Peneirar, eliminando as fibrosidades. Reservar. Noutra panela, aquecer um fundo de azeite de olivas. Nele, murchar metade do alho. Acrescentar o purê de tomates, metade da salsinha e metade do coentro. Refogar, em fogo brando, até que os tomates comecem a se amolengar. Incorporar metade do leite de coco. Levar à fervura. Rebaixar o calor. Agregar os camarões secos, moídos, peneirados, o purê de mandioca e meia concha da água do seu cozimento. Misturar e remisturar. Manter, por mais cinco minutos. Retirar do calor. Bater num liquidificador. Peneirar. Reservar. Noutra panela, aquecer um fundo de azeite. Nele, murchar o restante

do alho. Acresentar o restante da salsinha e do coentro, o gengibre, a pimenta-malagueta, pitadas de pimenta-do-reino, a pasta de mandioca, o restante do leite de coco, os amendoins e as castanhas-de-caju. Misturar e remisturar. Condimentar, a gosto, com óleo de dendê. Acertar o ponto do sal. Então, depositar os camarões frescos no topo, deixando que eles cozinhem no bafo do molho, mansamente, cerca de três minutos de cada lado. Virar e revirar, cuidando para não machucar os crustáceos. Reajustar, se necessário, o ponto do dendê e do sal. Experimentar a textura do molho. Caso ele se mostre muito grosso, diluir com um mais um pouco da água do cozimento da mandioca. Servir com arroz branco e com um pirãozinho de farinha de mandioca.

VATAPÁ À MODA DE HELENA LANCELLOTTi

INGREDIENTES, PARA UMA PESSOA:
1 pão francês
¼ de xícara, de chá, de leite de coco
75g de garoupa, absolutamente limpa, grosseiramente desfiada
4 camarões, graúdos, já tratados com a minha técnica básica e já picados
50g de camarões secos, moídos
1 colher, de sobremesa, de azeite de olivas
1 dente de alho, triturado
1 colher, de sopa, de azeite de dendê
30g de amendoins, torrados e descascados, moídos
30g de castanhas de caju, moídas
30g de farinha de mandioca, crua
¼ de pimenta vermelha, dedo-de-moça, sem as sementes, batidinha
Sal
Mais 4 camarões, graúdos, também já tratados com a minha técnica básica, para a decoração comestível

MODO DE FAZER:
Deixar o pão francês de molho no leite de coco. No ralo mais fino de um moedor, triturar a garoupa, os camarões frescos e os camarões secos, duas, três vezes, até obter uma pasta bem amalgamada. Reservar. No mesmo moedor, passar o pão, cuidando para não desperdiçar nada do leite de coco. Reservar. Numa caçarola, aquecer o azeite de olivas. Em fogo brando, murchar o alho. Agregar a pasta feita com a garoupa e com os camarões. Refogar por dois minutos, virando e revirando. Retirar do calor. Reservar. Numa frigideira, aquecer metade do azeite de dendê. Despejar os amendoins e as castanhas-de-caju. Fritar, mexendo com uma colher de pau, até obter uma massa morena e perfumada, que não se pregue no fundo. Reservar. Noutra frigideira, aquecer mais uma tico do dendê. Aos pou-

cos, ir despejando a farinha de mandioca. Fritar, mexendo e remexendo com uma colher de pau, até obter uma farofinha dourada. Num caldeirão, em fogo médio, aquecer o restante do dendê. Nele, depejar a pasta feita com a garoupa e os camarões, a pasta feita com os pães, a massa de amendoins e castanhas-de-caju, mais a farofinha de mandioca. Sempre com a colher de pau, misturar e remisturar, aos poucos, acrescentando o leite de coco. No meio da operação, colocar a pimentinha vermelha. Acertar o ponto do sal. Cozinhar, revirando, até que o vatapá adquira uma consistência densa – de se comer com um garfo. Acrescentar os camarões inteiros, rebaixar o calor e manter, até que os crustáceos atinjam o seu ponto justo, cerca de mais quatro minutos. No último instante, experimentar o ponto dos temperos e, se necessário, colocar mais dendê, a gosto. Servir com um pirãozinho leve de farinha de arroz.

SPAGHETTI ALLA GAMBERESCA

INGREDIENTES, PARA UMA PESSOA:
150g de spaghetti, pré-cozidos, um pouco antes do ponto al dente
1 colher, de sopa, bem cheia, de manteiga
1 haste de cebolinha verde, em argolinhas, do branco ao verde
1 xícara, de café, de vinho branco, bem seco
1 xícara, de chá, de tomates pelados, bem escorridos e bem picados
4 camarões, graúdos, já limpos, cortados nas suas juntas anatômicas
1 colher, de chá, de salsinha verde, bem batidinha
Sal

MODO DE FAZER:
Numa frigideira, derreter a manteiga. Murchar as argolinhas de cebolinha verde. Despejar o vinho branco. Levar à fervura. Reduzir, por cerca de um minuto. Incorporar os tomates. Cozinhar, até que os tomates comecem a se desmanchar. Agregar os camarões, já temperados com um pouco de sal. Cozinhar, mais três minutos, no máximo. Espalhar a salsinha. Misturar. Terminar o cozimento dos spaghetti em seu próprio molho. Importante: esta receita não leva queijo ralado de qualquer espécie.

PAELLA TRADICIONAL

INGREDIENTES, PARA DEZ PESSOAS:
4 xícaras, de chá, de azeite de olivas
½kg de lombo de porco, em cubinhos
2 peitos de frango, em cubinhos
½kg de lulas, em rodelinhas
20 camarões, dos graúdos, com as cascas, mas limpos
1 cebola, bem grande, picadinha
2 pimentões vermelhos, sem as sementes, em tiras
5 tomates, sem as peles e sem as sementes, picados
4 xícaras, de chá, de arroz bem lavado
1 litro de água fervente, previamente salgada, a gosto
1 colher, de sopa, rasa, de páprica suave
1 colher, de sobremesa, rasa, de açafrão
½kg de mexilhões, com as cascas, bem limpos e pré-cozidos
250g de grãos de ervilha, preferivelmente frescos
½ xícara, de chá, de salsinha verde, picada

MODO DE FAZER:
Numa panela apropriada para Paella, ou numa frigideira bem grande, aquecer o azeite. Dourar o porco. Retirar e guardar. Dourar o frango. Retirar e guardar. Refogar as lulas. Retirar e guardar. Dourar os camarões. Retirar e guardar. No mesmo fundo, refogar a cebola, os pimentões e os tomates. Colocar o arroz. Com uma colher de madeira, mexer e remexer por um minuto. Dissolver a páprica e o açafrão na água fervente. Cobrir o arroz. Cozinhar o arroz até que chegue quase ao ponto *al dente*. Agregar o porco, o frango, as lulas e os camarões. Mexer e remexer. Acrescentar os mexilhões, os grãos de ervilha e a salsinha. Misturar. Quando o arroz começar a secar, enfeitar o topo da Paella com os camarões, os mexilhões e as tiras de pimentão. Retirar a panela do calor. Embrulhar com um pano, ou com papel-alumínio. Esperar que descanse por quinze minutos. Levar à mesa no próprio recipiente.

CUSCUZ PAULISTA NO SEU MOLHO PICANTE

INGREDIENTES, PARA UMA FORMA:
36 camarões, graúdos, já tratados com a minha técnica básica
Azeite de olivas
4 colheres, de mesa, de conhaque de vinho
2 xícaras, de chá, de vinho branco, bem seco
2 xícaras, de chá, de polpa peneirada de tomates
Sal
Pimentinha vermelha, batidinha, a gosto
1kg de farinha de milho, os beijus esmagadinhos com as mãos
1 xícara, de chá, de farinha crua de mandioca
1 xícara, de chá, de água fresca
4 colheres, de sopa, de salsinha verde, picada
2 bulbos de cebolinha verde, em argolinhas
1 xícara, de chá, de lascas de azeitonas verdes
1 xícara, de chá, de ervilhas, cruas ou congeladas
2 cebolas, grandes, em oitavos
Um toque de açúcar

MODO DE FAZER:
Numa caçarola, com um fundo de azeite, refogar as cabeças e as cascas dos camarões. Despejar o conhaque e levar à fervura. Esperar que o álcool do conhaque se evapore. Agregar o vinho branco e levar à fervura. Colocar a polpa de tomates. Misturar. Retomar a ebulição. Rebaixar o calor. Cozinhar por quinze minutos. Passar numa peneira fina. Eliminar as cabeças e as cascas. Temperar o caldo resultante com o sal e com um tico de pimentinha vermelha. Reservar. Numa terrina, combinar a farinha de milho e a farinha de mandioca. Reservar. Forrar uma caçarola com azeite. Nele, refogar a mistura, revirando com uma colher de pau. Incorporar a água e metade do caldo das cabeças e das cascas dos camarões. Remexer, com vigor, até que as farinhas se umedeçam muito bem e se cozinhem ao ponto justo. Se necessário, ir derramando mais água e azeite para facilitar o procedimento. Acrescentar a salsinha, a cebolinha,

as azeitonas e as ervilhas. Acertar o ponto do sal. Remisturar. Então, começar a montagem do cuscuz numa forma apropriada. Primeiro, forrar o fundo da forma com oito dos camarões. Cobri-los com mais um terço da massa, comprimindo muito bem, de maneira a evitar vazios. Dispor mais uma camada de oito camarões. Cobri-los com mais um terço da massa. Dispor mais uma camada de oito camarões. Cobri-los com a massa restante. Pressionar, equilibrando o cuscuz na forma. Proteger o topo com um pano e levar ao banho-maria por cerca de quinze minutos. Enquanto isso, fazer o molho picante. Numa panela, num fundo de azeite, murchar os gomos de cebola. Pulverizar com um pouco de açúcar. Misturar. Agregar o restante do caldo dos camarões. Ferver. Reduzir à metade. Acertar, se necessário, o ponto do sal e da pimenta. Nesse molho, terminar o cozimento dos camarões restantes. Servir cada fatia do cuscuz com uma boa colherada do molho picante por cima. Daí, enfeitar cada prato com um dos camarões inteiros.

EMPADÃO ASSADO DA VIVI

INGREDIENTES, PARA UMA FORMA:
750kg de farinha de trigo, bem peneirada
3 ovos, gemas e claras
2 colheres, de mesa, de banha de porco
2 colheres, de sopa, de cachaça
Salmoura, ou água com sal, a gosto
1 colher, de chá, de fermento em pó
2 ½ xícaras, de chá, de camarões, graúdos, já tratados com a minha técnica básica, cortados nas suas juntas
¹/₃ de xícara, de chá, de palmito picado
¹/₃ de xícara, de chá, de polpa peneirada de tomates
¹/₃ xícara, de chá, de creme de leite, levemente batido
½ de xícara, de chá, de queijo de coalho, curado, raladinho
Sal
Pimenta-do-reino
Pitadas de noz-moscada
Mais gemas de ovo, para pincelar o topo do empadão

MODO DE FAZER:
Numa terrina, misturar a farinha, os ovos, a banha de porco, a cachaça e um tico de salmoura, o necessário até obter uma massa bem lisa e bem brilhante. Guardar, sob um guardanapo limpo e bem seco, por ao menos uma hora. Paralelamente, preparar o recheio, combinando os camarões, o palmito, a polpa de tomates, o creme de leite e o queijo de coalho. Temperar com o sal, com a pimenta-do-reino e com a noz-moscada, a gosto. Numa superfície bem enfarinhada, abrir a massa, até que fique com cerca de 5mm de espessura e o tamanho suficiente para ocupar toda uma forma, alta, de cerca de 20cm de diâmetro, no seu fundo e nos seus lados – e ainda sobrar uma tampa. Preencher o interior da forma com a mescla de camarões etcetera. Daí, cobrir o empadão, selando as suas bordas com um pouco das gemas e comprimindo com a ponta de um garfo. Pincelar muito bem o topo dos empadões com o restante das gemas. Furar a tampa,

aqui e ali, com um palito, de modo que o seu interior consiga respirar no calor. Levar ao forno médio pré-aquecido até que o topo da massa fique elegantemente bronzeado.

LAGOSTAS & LAGOSTINHAS

Infelizmente não existem, nas águas cálidas das costas do Brasil, tantas variedades de lagostas como as encontráveis em plagas mais frias do Atlântico Norte – particularmente nas regiões de Massachusetts e do Maine, nos Estados Unidos, onde tais crustáceos atingem tamanhos descomunais e, melhor ainda, ostentam garras enormes, de carne saborosíssima. De todo modo, aqui no Brasil, com a exceção dos meses do defeso da espécie, entre dezembro e abril, encontram-se lagostas frescas de excelente qualidade. Durante o defeso, o consumidor só consegue adquiri-las congeladas – e a um preço excessivo.

As receitas deste capítulo pressupõem dois tipos de matérias-primas: as lagostas mesmo, cuja carne pode pesar até cerca de 400g, e os lagostins, ou as lagostinhas, de tamanhos menores, em torno de 150g a unidade – estas, aliás, compráveis em bandejinhas com diversas amostras, eventualmente sem as suas carapaças e habitualmente pré-cozidas. Não deixe de examinar o teor do texto da embalagem ou de consultar o seu fornecedor. Recolocar as lagostinhas pré-cozidas no calor por muito tempo significa reassassiná-las de vez.

No caso das lagostas, frescas e cruas, a técnica básica sugere colocá-las em água fervente, até que a sua carapaça atinja uma tonalidade rubra, vibrante. Na dúvida, confie no seu nariz. Subiu um aroma intenso, basta. Tire do fogo.

SALPICÃO DE LAGOSTINHAS

INGREDIENTES, PARA UMA PESSOA:
2 lagostinhas, de no máximo 100g cada uma, já cozidas
Sal
Pimenta-do-reino
O sumo de dois limões sicilianos
1 colher, de sobremesa, de vinagre balsâmico
4 colheres, de sopa, de azeite de olivas
½ xícara, de chá, de maionese comum
1 dente de alho
1 colher, de sopa, rasa, de salsinha verde, batidinha
Mais azeite
1 talo de salsão, cortado à juliana
1 colher, de mesa, cheia, de cenoura ralada
1 folha, bem bonita e bem grande, de alface americana
1 colher, de mesa, de dadinhos de tomate

MODO DE FAZER:
Cuidadosamente, cortar as lagostinhas ao meio, no seu comprimento. Numa cumbuca, colocar as quatro metades. Temperar com o sal e com a pimenta-do-reino. Banhar com o sumo dos limões, o vinagre e as quatro colheres de azeite. Misturar, delicadamente. Cobrir com papel-filme e guardar na geladeira. Num liquidificador, com a ajuda de mais um pouco de azeite, bater a maionese, o alho e a salsinha, até obter uma pasta. Passar numa peneira bem fina. Ao resultado, incorporar o salsão e a cenoura. Misturar e remisturar. Incorporar as lagostinhas, bem escorridas da sua marinada. Virar e revirar, com o máximo de ternura. No prato que for à mesa, depositar a folha de alface. Dentro da folha, colocar o salpicão de lagostinhas. Enfeitar com os dadinhos de tomate. Por cima, espalhar o líquido que restou da marinada.

LAGOSTA À MODA DE FIDEL CASTRO

INGREDIENTES, PARA UMA PESSOA:
1 lagosta, das graúdas
4 colheres, de sopa, cheias, de manteiga à temperatura ambiente
24 folhas de manjericão

MODO DE FAZER:
No caso de comprar uma lagosta pré-cozida, pedir ao fornecedor que retire as membranas rijas que protegem a sua barriga. No caso de comprar uma lagosta fresca, colocar dentro de um caldeirão com água fervente por cerca de seis, sete minutos – ou até que a sua carapaça assuma uma tonalidade rubra, vibrante. Retirar. Depositar dentro de uma bacia com água bem gelada. Esperar que a lagosta se resfrie. Com uma tesoura, recortar as membranas rijas que protegem a sua barriga – sem, obviamente, ferir a carne. Reservar. Num liquidificador, bater a manteiga e o manjericão – se necessário, com a ajuda de um fio de azeite. Passar numa peneira. Colocar a lagosta, dentro da sua carapaça, de barriga para baixo, numa grelha de carvão – ou, na sua ausência, em uma frigideira com ranhuras no seu fundo. O segredo do Comandante Fidel, o real criador desta alquimia: deixar as marcas do metal aquecido na carne. Esquentar a manteiga de manjericão, sem permitir que comece a borbulhar – o excesso de calor calcinará o sabor do manjericão. Prontinha a lagosta, lançar, sobre a sua carne, a manteiga temperada.

LAGOSTINHAS À MAZZARESE

INGREDIENTES, PARA UMA PESSOA:
2 caudas de lagostinhas, já cozidas, 150g cada qual
Sal
Pimenta-do-reino
Azeite de olivas
1 xícara, de chá, de molho de tomates, bem apurado
1 colher, de sopa, cheia, de alcaparras
6 azeitonas pretas, sem os caroços, cortadas em lascas
2 colheres, de sopa, de suco de laranjas, bem coado
12 folhinhas, bonitas, de manjericão fresco

MODO DE FAZER:
Temperar as lagostinhas com o sal e a pimenta-do-reino. Numa frigideira, dourar superficialmente em azeite de olivas. Retirar do calor. Na mesma frigideira, despejar o molho de tomates. Aquecer por cinco minutos. Agregar as alcaparras, as lascas das azeitonas e o sumo de laranja. Acertar, se necessário, o ponto do sal e da pimenta-do-reino. Manter em fogo baixíssimo mais três minutos. Devolver as lagostinhas ao molho. Misturar e remisturar, por mais alguns instantes. Incorporar as lagostinhas. Esperar mais dois, minutos. Testar, com um garfo, a textura das lagostinhas, que não poderão endurecer No último instante, agregar as folhinhas de manjerião. Misturar e remisturar. Servir com arroz branco e batatas fritas.

MOQUECA DE LAGOSTINHAS NA FRIGIDEIRA

Ingredientes, para uma pessoa:
2 colheres, de sopa, de azeite de olivas
2 colheres, de sopa, de azeite de dendê
½ cebola, grande, cortada em gomos
2 tomates, bem vermelhos, sem as sementes, picados
½ pimentão verde, sem as sementes e sem os brancos internos, em tiras de 1cm x 4cm
1 dente de cravo
1 colher, de café, de grãos de coentro, levemente quabrados
½ xícara, de chá, de caldo pré-pronto de camarões
4 colheres, de sopa, de creme de coco
½ pimenta, dedo-de-moça, sem as sementes, picadinha
Sal
2 caudas de lagostinhas, já cozidas, de 150g cada uma
1 colher, de sopa, de salsinha verde, picada
1 colher, de chá, de coentro fresco, picado

Modo de fazer:
Numa frigideira, aquecer o azeite e o dendê. Murchar a cebola. Agregar os tomates, o pimentão verde, o cravo e os grãos de coentro. Virar e revirar, com uma colher de pau, até que os tomates comecem a se desmanchar. Misturar e remisturar por alguns instantes. Despejar o caldo de camarões e o creme de coco. Levar à fervura. Reduzir a chama. Acrescentar a pimenta. Acertar o ponto do sal. Misturar e remisturar. Manter, por três ou quatro minutos. Depositar as lagostinhas no topo do molho, deixando que eles se cozinhem no seu vapor, três minutos de cada lado. Daí, cuidadosamente, misturar e remisturar. Despejar a salsinha e o coentro fresco. Esperar mais um instante. Revirar. Servir com arroz branco e com batatinhas fritas.

ZARZUELA DE LAGOSTA

INGREDIENTES, PARA UMA PESSOA:
1 lagosta, com cerca de 250g de carne, já pré-cozida, sem a carapaça, cortada em pedaços de acordo com as suas juntas anatômicas
Sal
Pimenta-do-reino, moída na hora
Azeite de olivas
½ cebola, branca, grande, cortada em gomos
¼ de xícara, de chá, de vinho branco, bem seco
1 xícara, de chá, de molho de tomates, bem apurado
½ pimentão, vermelho, sem as sementes, cortado em tiras de 1cm x 4cm
4 batatinhas inglesas, pequeninas, redondinhas, sem as suas cascas, pré-prontas
8 champignons-de-paris, absolutamente frescos, de tamanhos iguais

MODO DE FAZER:
Temperar os pedaços de lagosta com o sal e a pimenta-do-reino. Reservar. Numa frigideira, aquecer um fundo de azeite. Murchar os gomos de cebola. Despejar o vinho. Levar à fervura. Acrescentar o molho de tomates. Levar à fervura. Reduzir por um minuto. Rebaixar o calor. Agregar as tiras de pimentão. Cozinhar suavemente por cinco minutos. Incorporar as batatinhas. Esperar mais dois minutos. Misturar e remisturar, delicadamente. Incorporar os pedaços de lagosta e os champignons. Manter, sempre em fogo brando, por mais dois minutos. Servir com arroz branco bem soltinho.

LAGOSTA À THERMIDOR

INGREDIENTES, PARA UMA PESSOA:
1 lagosta, das graúdas
Sal
Pimenta-do-reino, moída no momento
1 colher, de sopa, bem cheia, de manteiga
1 colher, de chá, de cerefólio fresco, picado
1 colher, de chá, de estragão fresco, picado
1 colher, de chá, de cebolinha roxa, bem batidinha
½ xícara, de chá, de caldo de peixe
¾ de xícara, de chá, de molho branco, ou Béchamel
1 colher, de sopa, de mostarda Dijon, sem as sementes
1 cálice de xerez
1/3 de xícara, de chá, de queijo do tipo Gruyère, raladinho
Noz-moscada

MODO DE FAZER:
No caso de comprar uma lagosta pré-cozida, pedir ao fornecedor que retire as membranas rijas que protegem a sua barriga. No caso de comprar uma lagosta fresca, colocar dentro de um caldeirão, com água fervente, por cerca de seis, sete minutos – ou até que a sua carapaça assuma uma tonalidade rubra, vibrante. Retirar. Depositar dentro de uma bacia com água bem gelada. Esperar que a lagosta se resfrie. Com uma tesoura, recortar as membranas rijas que protegem a sua barriga – sem, obviamente, ferir a carne. Meticulosamente, sem machucá-la, extrair a carne da sua carapaça. Reservar a carapaça. Cortar a carne em cubos, de aproximadamente 2cm de aresta. Temperar com o sal e a pimenta-do-reino. Reservar. Numa frigideira, derreter a manteiga. Em fogo mansíssimo, refogar o cerefólio, o estragão e a cebolinha roxa. Banhar com o caldo de peixe. Levar à ebulição. Reduzir, de novo, o calor. Incorporar o molho branco. Misturar e remisturar, apenas para que o molho branco amoleça. Acrescentar a mostarda e o xerez. Mexer e remexer. Incorporar os cubos de lagosta, o queijo e mais uma pelotinha extra de manteiga. Condimentar com a noz-moscada. Fundamental: utilizar um tico a

mais de noz-moscada do que o seu paladar pedir – o seu sabor e o seu aroma se diluem ao se esquentarem. Depositar o conteúdo da frigideira no interior da carapaça da lagosta. Levar ao forno para que o seu topo se gratine bem.

LAGOSTINHAS DO ALMIRANTE

Ingredientes, para uma pessoa:
1 colher, de sopa, cheia, de manteiga
2 colheres, de sopa, bem cheias, de cebolinha verde, em argolas
2 camarões, graúdos, já tratados com a minha técnica básica
1 cauda de lagostinha, de 150g, já cozida, também talhada nas suas juntas anatômicas
1 xícara, de chá, de molho de tomates, apurado
Sal
Pimenta-do-reino, moída na hora
Pimenta vermelha, batidinha
150g de fettuccine frescas, pré-cozidas, um pouco antes do seu ponto al dente

Modo de fazer:
Numa frigideira, derreter a manteiga. Murchar a cebolinha. Colocar os camarões e a lagostinha, já temperados com o sal e com a pimenta-do-reino. Refogar por trinta segundos. Despejar o molho. Misturar e remisturar. Em fogo manso, cozinhar por cinco minutos. Acertar o ponto do sal e da pimenta vermelha, a gosto. Incorporar a massa. Terminar o seu cozimento no molho. Esta receita não admite qualquer tipo de queijo ralado.

Peixes

PEIXES DE RIO

Com a maior e mais sensacional bacia hidrográfica do planeta, cerca de duas mil espécies de peixes de águas doces, o Brasil, infelizmente, desfruta pouquíssimo essa disponibilidade. Somente com as providenciais variedades que nadam no Amazonas e nos seus afluentes conseguiria eliminar a fome que assola metade da sua população. Pior: atualmente, muitos dos pescados que o país importa chegam ao mercado até mesmo mais baratos do que os nacionais. Coisas de uma pobre nação, repleta de atravessadores e de gananciosos.

Azar do Brasil. No departamento dos animais, as gorduras dos pescados são, nutricionalmente, as melhores disponíveis. A ciência já demonstrou que pescados aparentemente muito gordos, como o pintado, o tambaqui, o atum, o arenque, a enguia e, principalmente, o salmão ostentam um óleo natural saudabilíssimo, um ácido graxo excelente, o Ômega-3, que ajuda a rebaixar os níveis dos triglicérides e do colesterol na circulação do sangue. Uma dieta à base desses produtos é a ideal para os hipertensos e para os cardíacos.

Outras pesquisas também já demonstraram que uma dieta à base de pescados em geral leva ao alívio de males como artrites reumatóides e asma. Determinadas substâncias, exclusivas dos pescados, ajudam a alterar o comportamento químico dos glóbulos brancos do sangue, de maneira a revigorá-los em sua batalha cotidiana contra as infecções. Por exemplo, não existem esquimós com problemas de coração ou de pulmão, embora os seus povos vivam sempre abaixo de zero. Acontece que os esquimós consomem em torno de 400g de pescados ao dia, média bem maior do que a americana ou a européia, que é de 20g, e a do Brasil, ridiculamente apenas 7g.

A única fragilidade da carne dos peixes é a velocidade com que pode se decompor. Não importa como os peixes são pescados. O seu grande problema começa a surgir na forma como são armazenados – e como são conservados. Adquirir peixes não requer prática, quase nenhuma habilidade. O comprador sabe que os saudáveis não emanam cheiro de iodo ou de amoníaco. Sabe que os saudáveis têm as guelras bem vermelhas e bem oxigenadas. Sabe que, no caso daqueles com escamas, a sua cobertura não deve se esfacelar facilmente. Na dúvida, eis um truque de reconhecimento. Comprima o pele, bem no meio do corpo, levemente, com um dedo. O esforço causará um leve afundamento. Se a mossa perpetrada não voltar ao normal imediatamente, o bicho já começou a se decompor. Selecione um outro produto, sem hesitação.

O comprador, porém, habitualmente não sabe que os peixes se degradam rapidamente em razão da sua própria luta pela sobrevivência, depois da fisgada ou do aprisionamento numa rede. Certos de que não escaparão do anzol ou da tarrafa, intimamente reagem à morte através da liberação do principal combustível do organismo dos animais, o glicogênio. Peixes desesperados pela iminência do seu fim queimam mais glicogênio do que os descansados e os tranqüilos. Esse processo rude enfraquece o seu tecido muscular – e os condena a um apodrecimento inexorável. O gelo, claro, controla esse apodrecimento. De todo modo, nenhum dos peixes tem um sabor tão natural como aquele capturado na hora e tratado com respeito crucial.

Pela dificuldade de distribuição e de aquisição de outras espécies (eu, pessoalmente, adoro a piraputanga do Mato Grosso e a piraíba jovem do Amazonas e do Pará, ou filhote – mas raramente mereço o prazer sublime de encontrá-los), neste capítulo sobre peixes de rio eu me limito a citar três:

Pintado – De couro, existente em praticamente todo o país. Também conhecido em algumas regiões como surubim. Enorme, normalmente atinge mais de 2m de comprimento, pesa perto dos 100kg. Complicado de se limpar em casa por causa da rija textura do seu couro e da resistência da sua espinha central – que exige, às vezes, um serrote para se cortar. Peça ao seu fornecedor que realize essa operação sempre ingente e complexa.

Tambaqui – De escamas, basicamente existente no Amazonas e nos seus tributários. Parente do pacu e da piranha. Igualmente muito grande, atinge perto dos 90cm e pesa em torno de 13kg.

Tucunaré – De escamas, basicamente existente no Amazonas e nos seus tributários. De carne saborosíssima, atinge 60cm e pesa em torno dos 4kg. Ultraprolífico, desde a década de 50, iniciativa do Governo Federal, foi introduzido em açudes do Nordeste e em represas do Sul. A fêmea gera de três a quatro mil ovos em cada postura – e, ao lado do seu macho, costuma proteger as suas crias com uma ferocidade exemplar.

ESPETO DE PINTADO COM CUSCUZ DE LAGOSTINHAS

INGREDIENTES, PARA UMA PESSOA:

Azeite de olivas
¾ de xícara, de chá, de farinha de milho, os seus grumos desmanchadinhos com as pontas dos dedos
1 colher, de sopa, de polpa peneirada de tomates
¾ de xícara, de chá, de caldo de camarões
2 lagostinhas, já limpas, pré-cozidas, cortadas nas suas juntas anatômicas
1 colher, de chá, de cebolinha verde, batidinha
1 colher, de sopa, de ervilhas frescas – ou, na sua ausência, as congeladas, jamais as de lata
Sal
4 cubos de carne de pintado, bem limpa, de cerca de 60g cada uma
3 quadrados de polpa de tomate vermelho, 3cm de cada lado
3 quadrados de cebola branca, 3cm de lado
3 quadrados de pimentão verde, 3cm de lado

MODO DE FAZER:

Numa panela de tamanho adequado, aquecer um bom fundo de azeite e, nele, dourar a farinha, como se fosse uma farofa. Despejar a polpa de tomates. Virar e revirar. Aos poucos, despejar o caldo de camarões, na quantidade suficiente para obter uma pasta bem densa e bem amalgamada – talvez não seja necessário utilizar todo o volume previsto na relação dos ingredientes. Colocar as lagostinhas. Cozinhar por dois minutos. Acrescentar a cebolinha verde e as ervilhas. Misturar a remisturar. Experimentar o gosto e, caso seja necessário, acertar o ponto do sal. Colocar o resultado em uma forminha bem untada com azeite. Reservar. Montar o espeto, intercalando os cubos de pintado e os quadrados de tomate, cebola e pimentão. Temperar com sal. Untar com azeite. Grelhar num braseiro ou dourar numa frigideira de fundo ranhurado. Desenformar o cuscuzinho num canto do prato. Com muito charme, debruçar, sobre o cuscuzinho, o espeto de pintado e vegetais.

TAMBAQUI COM RISOTINHO DE CARANGUEJO

INGREDIENTES, PARA UMA PESSOA:
1 filé de tambaqui, completamente limpo, de cerca de 250g
Sal
Pimenta-do-reino, preferivelmente moidinha na hora
Azeite de olivas
1 colher, de sobremesa, cheia, de manteiga
¾ de xícara, de chá, de arroz branco, pré-cozido, bem al dente
1 colher, de sopa, de vinho branco, bem seco
1 colher, de chá, cheia, de parmesão ralado
1 colher, de chá, cheia, de cebolinha verde, em argolinhas
½ xícara, de chá, de carne de caranguejo, ou de siri, desfiadinha
– muito bem limpa de eventuais pedacinhos de casca

MODO DE FAZER:
Temperar o tambaqui com o sal e com a pimenta-do-reino. Untar a carne muito bem, com azeite de olivas. Levar à grelha, à chapa ou a uma frigideira de fundo ranhurado, até que se doure nos dois lados. Paralelamente, numa caçarolinha, derreter a manteiga, em fogo médio. Rapidamente, reaquecer o arroz. Agregar o vinho, o parmesão, a cebolinha e a carne de caranguejo. Mexer por alguns instantes, até que todos os ingredientes atinjam a mesma temperatura. Servir o filé com o risoto ao seu lado.

ESPETO DE TUCUNARÉ COM PIRÃO DE CUPUAÇU

INGREDIENTES, PARA UMA PESSOA:
2 colheres, de sopa, de água filtrada
30g de polpa congelada de cupuaçu
70g de farinha de mandioca, crua
Sal
Noz-moscada
Adoçante à base de aspartame
4 cubos de carne de tucunaré, bem limpa, de cerca de 60g cada
3 quadrados de pimentão vermelho, 3cm de lado
3 quadrados de pimentão amarelo, 3cm de lado
3 quadrados de pimentão verde, 3cm de lado
Pimenta-do-reino
Azeite de olivas

MODO DE FAZER:
Num liquidificador, combinar a água e a polpa de cupuaçu. Bater muito bem. Passar numa peneira finíssima. Colocar numa caçarola e levar à fervura. Aos poucos, despejar a farinha de mandioca. Virar e revirar sem parar, até obter a textura de pirão. Temperar com a noz-moscada, um tico de sal e, caso necessário, quebrar a eventual acidez com o aspartame. Montar o espeto, intercalando os cubos de peixe e os quadrados dos três pimentões. Temperar com o sal e com a pimenta-do-reino. Untar muito bem com azeite de olivas. Levar à grelha, à chapa ou a uma frigideira de fundo triplo, até que os cubos se dourem por igual. Servir ao lado do pirão.

PEIXES DE MAR – CARNE BRANCA

Embora definidas para peixes de mar de carne branca, embora criadas para linguado, pescadinha, sardinha, robalo e badejo, as receitas que seguem são adequadas a outras espécies oceânicas de qualidade – e, nos seus 8.000km de costas, o Brasil ostenta mais de quinhentas. Use a sua fantasia e a sua preciosa imaginação. De todo modo, conheça as singularidades das minhas opções.

Linguado – Ocorre em quase toda a costa da América do Sul, desde o Estado de Pernambuco até a Patagônia, no extremo meridional do continente. Trata-se de um peixe que sofre uma curiosa metamorfose entre a sua vida de alevino e a adolescência. Quando nasce, é simétrico. Mas, no processo da sua metamorfose, assume um desenho oblongo, achatado, em que os dois olhos se localizam no lado superior. Gosta de morar nas desembocaduras dos rios e das lagoas. Adora se esconder nas areias do fundo do oceano. E pode variar, no formato básico e na cor, dependendo da região em que se situa. Ostenta uma carne bem firme e homogênea, que não se desmembra ao se cozinhar. Até os meados da década de 50, por causa da sua feiúra, era simplesmente descartado no lixo do cais. A família Tatini, gerações e gerações de hoteleiros e de donos de restaurantes, ao aportar em Santos, para ali se estabelecer, salvou-o de um degredo abominável ao apresentá-lo à sua clientela sempre crescente.

Pescadinha – Existem em muitos tipos, com nomes diversos, como a amarela, a cambuci, cambucu, a corvina, a pirampeba. Aprendi com meu pai, o saudoso Vodudu, a preferir a branca, que ocorre desde o Panamá até o Rio Grande do Sul. De carne ideal para uma grelha e para os empanamentos.

Sardinha – Outra das espécies que existem em muitos tipos, de muitos nomes – inclusive nas águas doces. Desova em águas profundas, bem longe da costa. Na sua juventude, em vastos cardumes, migra para a orla, para as baías, onde cai, irremediavelmente, nas redes de espera. Primordialmente, se destina à industrialização, comercializada dentro de latas. Fresca, no entanto, se prova sensacional numa grelha, ou quando transformada em um fino escabeche.

Badejo – Aparentado da garoupa, idem em vários tipos, ocorre desde a orla de Massachusetts, nos Estados Unidos, até os arredores do Estado de São Paulo. Fundamental: como a garoupa, precisa, obrigatoriamente, ser limpo e eviscerado impediamente após a captura. Comumente, nas suas vísceras, em particular no seu fígado, se alojam vermes superinteligentes. Ao perceberem que o badejo, ou a garoupa, está prestes a falecer, tais vermes migram para a carne branca e aceleram o seu processo de deterioração. Jamais compre uma garoupa ou um badejo ainda inteiro e com as suas vísceras. Não confundir com o abadejo, na verdade um gadídeo aparentado do velho bacalhau.

Robalo – Também em vários tipos, cinco bastante comuns entre os Estados Unidos e as águas de Santa Catarina. Versatilíssimo, costuma subir os cursos dos rios por muitos e muitos quilômetros a fim de desovar em plagas mansas, inclusive em lagoas. Depois, se aloja em estuários, no fundo das baías litorâneas, em costões batidos por ondas fortes – e até em manguezais. Possui duas singularidades que tornam elementar a sua identificação: além de uma mandíbula inferior projetada à frente, uma linha natural, escura, com 70 a 75 escamas, que marca os seus flancos da cauda à parte acima dos olhos. Pode atingir mais de 1m de comprimento e 20kg de peso. Exibe uma carne ultratenra, que tende a se desmanchar em lascas, à ponta de um garfo.

Essencial informação: não ordenei as receitas que seguem de acordo com as espécies de peixes já explicitadas; aliás, de propósito, eu também não ordenei as espécies de peixes de maneira alfabética – mas de acordo com um critério técnico, que obedece exclusivamente a minha maneira de entender os seus usos gastronômicos. No caso das receitas, respeitam o conceito de quem monta um menu: primeiro, pratos frios; daí, subseqüentemente, as alquimias eleitas em função da sua complexidade, das simples às mais intrincadas.

Faça, quando preferir, as suas trocas e as suas substituições.

De novo, brinque com a sua fantasia e com a sua imaginação...

CEVICHE DE LINGUADO

INGREDIENTES, PARA UMA PESSOA:
200g de filé de linguado, cru, cortado em tiras de 5mm de espessura por 1cm de largura e 3cm de comprimento
Sal, a gosto
O sumo, coado, de três limões sicilianos
1 colher, de sopa, de caldo de peixe
½ pimentinha vermelha, do tipo dedo-de-moça, sem as sementes, muito bem batidinha
½ cebola branca, cortada em gomos delicados
¼ de uma espiga de milho, já cozida
1 batata doce, pequena, já cozida
Azeite

MODO DE FAZER:
Numa cumbuca, colocar as tiras de linguado. Temperar com o sal. Cobrir com o sumo dos limões e o caldo de peixe. Virar e revirar, com a maior delicadeza. Agregar a pimentinha. Misturar e remisturar, sempre com o máximo de ternura. Proteger com papel-filme e guardar na geladeira por trinta minutos. Servir com o pedaço da espiga de milho e com a batata doce. No prato que for à mesa, banhar com um fio bem generoso de azeite.

ESCABECHE DE SARDINHAS

INGREDIENTES, PARA UMA PESSOA:
200g de sardinhas, em filés, limpos, já fritos em azeite de olivas
4 dentes de alho, finamente laminados
2 folhas de louro, picadas à mão, grosseiramente
2 raminhos de tomilho, fresco
Sal
Pimenta-do-reino
Mais azeite de olivas
Um toque final de vinagre branco

MODO DE FAZER:
Numa terrina de tamanho adequado, entremear os filés de sardinha com o alho, as folhas de louro e o tomilho. Temperar, a gosto, com o sal e com a pimenta-do-reino. Numa cumbuca, combinar três partes de azeite de olivas e uma de vinagre branco – o volume dependerá da terrina em que estiverem os filés das sardinhas. Banhar os filés com a mistura de azeite e de vinagre. Guardar, na geladeira, ao menos por 48 horas. A cada seis horas, com o máximo de delicadeza, virar e revirar. Servir à temperatura ambiente.

SPAGHETTI À TRAPANESE

INGREDIENTES, PARA UMA PESSOA:
150g de spaghetti, pré-cozidos, um pouco antes do ponto al dente
Azeite de oliva
¼ de cebola, branca, muito bem picadinha
2 tomates, sem as sementes, cortados em dadinhos
1 cálice de vinho branco, bem seco
150g de carne de sardinha, limpa, sem as peles e sem as espinhas
Sal
Pimenta-do-reino
1 colher, de sopa, de manjericão batido

MODO DE FAZER:
Numa frigideira, aquecer um fundo de azeite. Murchar a cebola. Agregar os tomates. Mexer e remexer. Despejar o vinho. Em fogo bem suave, manter, até que os tomates comecem a se desmanchar. Colocar a sardinha. Com a colher de madeira, desmanchar a sua carne em pedacinhos – sem destruí-la, porém. Caso necessário, acertar o ponto do sal. Temperar, a gosto, com a pimenta-do-reino. Lançar a massa na frigideira. Saltear a massa no molho, para terminar o seu cozimento. Por cima, espalhar o manjericão. Misturar cuidadosamente. Esta receita não admite queijo de qualquer tipo.

ROBALO NO SAL GROSSO

INGREDIENTES, PARA UMA PESSOA:
1 belo filé de robalo, completamente limpo, sem a pele e sem as espinhas, cerca de 250g
O suco de duas laranjas-de-umbigo, bem coado
Sal
Pimenta-branca
Abundante sal grosso
Salsinha verde, batidinha
Azeite de olivas, preferivelmente o extravirgem

MODO DE FAZER:
Na geladeira, sob o suco das laranjas, marinar o filé de robalo, por uma hora, no mínimo. Escorrer. Escolher uma travessa refratária na qual o peixe caiba, sem muito espaço além das suas margens. Colocar uma camada de sal grosso no fundo. Depositar o peixe. Cobrir generosamente com mais sal grosso. Tampar com papel-alumínio. Levar ao forno médio, já pré-aquecido, por cerca de doze minutos. Retirar. Desbastar o excesso de sal grosso que houver no robalo. Depositar o peixe num prato que for à mesa. Pulverizar com um pouco de salsinha. Banhar com abundante azeite de olivas extravirgem. Servir com uma batata assada, preferivelmente com a casca.

BADEJO COM ERVA-DOCE, PUPUNHA E TOMILHO

INGREDIENTES, PARA UMA PESSOA:
1 belo filé de badejo, já limpo, de 250g
Sal
Pimenta-do-reino
1 colher, de sopa, cheia, de manteiga
1 ramo de tomilho, fresco
½ xícara, de chá, de erva-doce, ou funcho, cortada à juliana
2 metades de pupunha fresca, de 10cm de comprimento
Azeite

MODO DE FAZER:
Temperar o filé de badejo com o sal e com a pimenta-do-reino. Reservar. Derreter a manteiga. Murchar o tomilho. Nesse conjunto, amolengar a juliana de erva-doce e a pupunha. No momento em que a erva-doce e a pupunha se aproximarem do seu ponto justo, colocar o peixe. Dourar por quatro minutos, dois de cada lado. Servir o peixe debaixo da erva-doce, a pupunha ao seu lado. No topo, despejar um fio bem generoso de azeite.

FILÉ DE BADEJO À LA MEUNIÉRE

INGREDIENTES, PARA UMA PESSOA:
1 belo filé de badejo, completamente limpo, sem a pele e sem as espinhas, de cerca de 250g, cuidadosamente aparado nas suas laterais
Sal
Pimenta-do-reino
Farinha de trigo
2 colheres, de mesa, de manteiga
½ limão, de preferência o siciliano
1 colher, de sopa, de salsinha verde, bem batidinha
Mais 2 colheres, de mesa, de manteiga

MODO DE FAZER:
Temperar o peixe com o sal e com a pimenta-do-reino. Passar na farinha de trigo. Guardar na geladeira por meia hora, de modo que a farinha de trigo se impregne bem no badejo. Retirar. Passar de novo na farinha. Dourar mansamente nas duas primeiras colheres de manteiga, quente mas sem borbulhar. Retirar. Escorrer. Colocar no prato respectivo. Por cima, espremer o limão. Espalhar a salsinha. Enfim, despejar a manteiga restante, aquecida quase ao ponto *noisette*, bronzeada. Servir com purê de batatas.

PESCADINHA MALUCA NA FAROFA DE MILHO

INGREDIENTES, PARA UMA PESSOA:
1 filé de pescadinha branca, limpo e aparado, com cerca de 250g
Sal
Pimenta-do-reino, preferivelmente moída na hora
Sumo de limão
Cachaça, da muito boa
Farinha de trigo
2 colheres, de mesa, de óleo de milho
1 dente de alho, triturado
2 xícaras, de chá, de farinha de milho, bem grumosa
1 colher, de chá, cheia, de queijo do tipo parmesão, raladinho
Salsinha verde, batidinha
2 ovos, desmanchados
Azeite de olivas
¼ de cabeça de erva-doce, ou funcho, cortada à juliana, em tiras delicadas
¼ de cebola branca, idem
1 tomate, bem vermelho, sem as sementes, em dadinhos
4 azeitonas pretas, em lascas
Vinagre balsâmico

MODO DE FAZER:
Temperar o filé com o sal, com a pimenta-do-reino e com o sumo de limão. Reservar por três minutos. Derramar um pouco de cachaça numa terrina funda. Na pinga, marinar o filé, por cerca de doze minutos. Retirar. Escorrer. Passar o filé na farinha de trigo. Esperar alguns instantes. No entretempo, em uma frigideira, aquecer o óleo de milho. Murchar o alho. Despejar a farinha de milho. Misturar e remisturar, como na feitura de uma farofa. Agregar o parmesão e um pouco de salsinha. Virar e revirar. Caso necessário, umedecer essa farofa com um tico de água. Experimentar o gosto. Se preciso, temperar a farofa com sal. Passar o peixe nos ovos desmanchados e empanar com a

farofa. Guardar na geladeira por ao menos uma hora. O choque térmico fará com que a farofa se agregue completamennte ao filé. Daí, numa frigideira, por imersão, em fogo brando, dourar o peixe, dois minutos de cada lado. Paralelamente, noutra frigideira, aquecer um pouco de azeite e amaciar a erva-doce e a cebola. Remexer. No último instante, agregar os dadinhos de tomate e as azeitonas – o tempo suficiente para aquecê-los. Temperar com um tico de sal e com algumas gotas de vinagre balsâmico. Servir o filé com o molho do erva-doce etcetera e com purê de batatas.

FILÉ DE BADEJO BONNE FEMME

INGREDIENTES, PARA UMA PESSOA:

1 belo filé de badejo, completamente limpo, sem a pele e sem as espinhas, cerca de 250g de peso, cuidadosamente aparado nas suas laterais

Sal

Pimenta-do-reino

2 colheres, de mesa, cheias, de manteiga, à temperatura ambiente

½ xícara, de chá, de champignons-de-paris, frescos, finamente laminados, na vertical

1 colher, de mesa, cheia, de cebolinha verde, picadinha

1 colher, de café, de salsinha verde, picadinha

½ xícara, de chá, de vinho branco, bem seco

½ xícara, de chá, de caldo de peixe

2 colheres, de mesa, de creme de leite, fresco, muito bem batido

MODO DE FAZER:

Temperar o peixe com o sal e com a pimenta-do-reino. Escolher uma travessa refratária na qual o badejo caiba, sem muito espaço além das suas margens. Untar a travessa com metade da manteiga. Forrar o seu fundo com os champignons, a cebolinha e a salsinha. Depositar o filé por cima. Combinar o vinho, o caldo de peixe e o creme de leite. Temperar com o sal e com a pimenta-do-reino. Despejar o resultado sobre o badejo. Cobrir com papel-alumínio. Levar ao forno médio, por doze minutos. Retirar. Reservar o peixe. Peneirar o líquido que estiver na travessa. Numa caçarola, em fogo suave, reduzir tal líquido à metade. Incorporar a manteiga restante. Devolver o badejo ao recipiente. Recobrir com o molho aveludado. Agora, sem o papel-alumínio, recolocar tudo no forno para que o topo do conjunto se doure e se gratine. Servir com arroz branco bem soltinho e com batatas sautées.

LINGUADO NA MANTEIGA DE ALECRIM

INGREDIENTES, PARA UMA PESSOA:
2 filés de linguado, sem a pele e sem as espinhas, de cerca de 120g cada, aparados
Sal
Pimenta-do-reino
2 colheres, de mesa, bem cheias, de manteiga
As folhinhas de dois ramos, grandes, de alecrim fresco
5 brotinhos de brócolos
5 brotinhos de couve-flor

MODO DE FAZER:
Temperar o linguado com o sal e com a pimenta-do-reino. Reservar. Numa frigideira, derreter a manteiga. Agregar as folhinhas de alecrim. Em fogo supersuave, permitir que o alecrim murche e passe o seu sabor e o seu aroma à manteiga. No resultado, refogar os brotinhos de couve-flor e de brócolos, sem permitir que amoleçam. Retirar. Manter num lugar quente. Na mesma manteiga, dourar o linguado, dois minutos de cada lado. No prato que for à mesa, elegantemente depositar os dois filés de peixe, um com a sua metade sobre o outro. Por cima, espalhar a manteiga de alecrim. Ao lado, charmosamente, combinar os brotos de brócolos e de couve-flor.

BLACKENED FISH COM ARROZ AGRIDOCE

INGREDIENTES, PARA UMA PESSOA:
1 filé de linguado, limpo, sem pele e sem espinhas, de 250g
Sal
Pimenta-do-reino
Páprica picante
Cominho em pó
Orégano
Manteiga
Uvas-passas
Vinho branco
Arroz branco, pré-cozido, soltinho, no ponto al dente
1 colher, de sopa, de vinagre balsâmico
1 colher, de sopa, de conhaque de vinho
Queijo parmesão, bem raladinho

MODO DE FAZER:
Temperar o filé de linguado com o sal. Numa travessa, misturar partes iguais, razoavelmente fartas, de pimenta-do-reino, de páprica-picante, de cominho em pó e de orégano. Embrulhar o filé de linguado nessa combinação. Guardar na geladeira por cerca de trinta minutos, para que o peixe pegue muito bem o seu empanamento. Aquecer a manteiga, até que comece a escurecer. Na manteiga superquente e quase bronzeada, enegrecer o peixe – detalhe: o linguado precisa, de fato, assumir um aspecto de queimado, dois minutos de cada lado. Paralelamente, noutra frigideira, derreter um pouco mais de manteiga. Nela, amaciar um punhado de uvas-passas. Interromper o cozimento das passas com um pouco de vinho branco. Ferver. Agregar seis generosas colheradas de arroz, o vinagre balsâmico e o conhaque. Misturar e remisturar. Dar liga com um pouco de parmesão finamente ralado. Servir o filé de linguado com esse arroz. Não tema. Ficará efetivamente espetacular.

FILÉ DE BADEJO NA SAUNA SECA

INGREDIENTES, PARA UMA PESSOA:
1 filé de badejo, já limpo, de 250g
Sal
Pimenta-do-reino
Azeite de olivas
Vinho branco, bem seco
2 dentes de alho, laminados
2 tomates, sem as sementes, cortados em gomos fininhos
1 banana-da-terra, descascada, cortadas em rodelinhas
1 colheres, de sopa, bem cheia, de alcaparras
Salsinha verde, picadinha
Orégano

MODO DE FAZER:
Temperar o filé de badejo com o sal e com a pimenta-do-reino. Molhar o fundo de uma terrina refratária de tamanho adequado, em que o filé se sinta confortável, sem sobrar espaços além das suas margens, com azeite de olivas. Depositar o peixe. Banhar com um pouco de vinho branco. Por cima do peixe, espalhar o alho, os gomos de tomate, as rodelinhas de banana, as alcaparras, a salsinha e o orégano. Embrulhar muito bem a forma em papel-alumínio. Levar ao forno forte, pré-aquecido, por sete, oito minutos. Servir com arroz branco bem soltinho e batatinhas crocantes.

BADEJO DO CIRCUS CLUB

INGREDIENTES, PARA UMA PESSOA:
1 belo filé de badejo, já limpo, 250g de peso
Sal
Pimenta-do-reino
1 colher, de sopa, bem cheia, de manteiga
1 colher, de sopa, de vinho branco, bem seco
1 colher, de sopa, cheia, de alcaparras
1 colher, de sopa, cheia, de lascas de amêndoas, peladas, pré-tostadas
4 cubos de batata, já cozida, 2cm x 2cm
4 cubos de cenoura, já cozida, 2cm x 2cm
4 brotos de brócolos, já cozidos, bem al dente

MODO DE FAZER:
Temperar o badejo com o sal e com a pimenta-do-reino. Grelhar o badejo na brasa, na chapa ou numa frigideira com ranhuras em seu fundo. Noutra frigideira, derreter a manteiga. Agregar o vinho, as alcaparras e as amêndoas. Reaquecer a batata, a cenoura e os brócolos. Colocar o peixe no prato. Rodear com os legumes. Cobrir com o molho.

BADEJO GRATINADO COM QUEIJOS E AMARETTO

INGREDIENTES, PARA UMA PESSOA:
1 belo filé de badejo, já limpo, de 250g de peso
Sal
Pimenta-do-reino
Manteiga
Uma pasta feita com 30g de queijo do tipo Catupiry; 30g de queijo do tipo Gorgonzola; 30g de queijo Gruyère, bem raladinho; 30g de queijo parmesão, idem; e 1 colher de mesa de creme de leite, denso, tipo longa-vida
1 cálice de licor de amêndoas, Amaretto
Mais manteiga, derretida, temperatura ambiente
Mais parmesão, bem raladinho

MODO DE FAZER:
Temperar o peixe com o sal e com a pimenta-do-reino. Numa folha de papel-alumínio, bem untada com manteiga, depositar o filé. Amalgamar muito bem a pasta dos quatro queijos. Enriquecer com o toque de Amaretto, licor de amêndoas. Remisturar. Cobrir o peixe com essa pasta. Fechar o cartucho de papel-alumínio, deixando, no topo, um bom espaço para o interior respirar – ou seja, não comprimir. Levar ao forno pré-aquecido, a 250 graus, por cinco minutos. Abrir o cartucho. Pulverizar com abundante parmesão por cima. Gratinar. Servir com arroz e com batata assada.

MOQUECA DE ROBALO NA FRIGIDEIRA

INGREDIENTES, PARA UMA PESSOA:
2 colheres, de sopa, de azeite de olivas
2 colheres, de sopa, de azeite de dendê
½ cebola, grande, cortada em gomos
2 tomates, bem vermelhos, sem as sementes, picados
½ pimentão verde, sem as sementes e sem os brancos internos, em tiras de 1cm x 4cm
1 dente de cravo
1 colher, de café, de grãos de coentro, levemente quabrados.
½ xícara, de chá, de caldo pré-pronto de camarões
4 colheres, de sopa, de creme de coco
½ pimenta, dedo-de-moça, sem as sementes, picadinha
Sal
200g de robalo, cortado em cubos de 3cm de lado
1 colher, de sopa, de salsinha verde, picadinha
1 colher, de chá, de coentro fresco, batidinho

MODO DE FAZER:
Numa frigideira, aquecer o azeite e o dendê. Murchar a cebola. Agregar os tomates, o pimentão verde, o cravo e os grãos de coentro. Virar e revirar, com uma colher de pau, até que os tomates comecem a se desmanchar. Misturar e remisturar por alguns instantes. Despejar o caldo de camarões e o creme de coco. Levar à fervura. Reduzir a chama. Acrescentar a pimenta. Acertar o ponto do sal. Misturar e remisturar. Manter, por três ou quatro minutos. Depositar os cubos de peixe no topo do molho, deixando que se cozinhem no seu vapor, dois minutos de cada lado. Daí, cuidadosamente, misturar e remisturar. Despejar a salsinha e o coentro fresco. Esperar mais um instante. Revirar. Servir com arroz branco soltinho e com batatas fritas.

PEIXES DE MAR – CARNE COLORIDA

Por razões bem diferentes, o atum e o salmão ostentam carne colorida: a do atum, quase rubra, com toques de violeta; a do salmão, entre o rosado e o alaranjado. O atum se escurece graças a uma característica biológica peculiar: trata-se de um peixe dotado de um sistema vascular sensacional, endotérmico, que lhe permite elevar a sua temperatura interna alguns pontos acima da temperatura das águas em que trafega. Aliás, o atum é um animal imparável, chega a nadar perto de 170km em um só dia. O salmão ganha a sua bela tonalidade por causa do tipo de alimento que ingere, como o krill e outros minicrustáceos ricos em pigmentos carotenóides – extamente os que existem, por exemplo, na cenoura. Em ambos os casos, peixes riquíssimos em gorduras especialmente saudáveis como a Ômega-3, que ajuda no rebaixamento dos perigosos triglicérides e do colesterol e vitaliza as propriedades naturais de coagulação do sangue.

O salmão é primo da truta. O atum se confunde com a albacora e com o bonito. Ambos são apropriadíssimos a sushis e a sashimis. Mas é possível realizar pratos quentes excelentes com as suas postas ou os seus filés.

Como no segmento anterior, não ordenei as receitas que seguem de acordo com as espécies aqui já referidas, nem em ordem alfabética – mas, de novo, de acordo com um critério técnico, que obedece exclusivamente a minha maneira de entender os seus usos gastronômicos. Aliás, o que vale para o atum pode funcionar com o salmão. Teste as suas permutações.

Sempre brinque com a sua fantasia e com a sua imaginação...

TARTAR DE SALMÃO À LA REINE

INGREDIENTES, PARA UMA PESSOA:
150g de salmão, bem picadinho, à ponta de faca
Azeite de olivas
1 colher, de sopa, de coentro fresco, bem batidinho
1 colher, de sopa, de bom conhaque de vinho
1 colher, de chá, de molho inglês, do tipo Worcestershire
Gotas de Tabasco
Tomilho fresco
Pimenta-do-reino
6 torradinhas, em quadrados, de pão de forma, sem casca
6 pedaços de pão de centeio, em quadrados, sem casca
1 gema de ovo, crua, opcional
1 raminho bem bonito de salsinha crespa, para a decoração

MODO DE FAZER:
Condimentar o salmão com um bom fio de azeite, o coentro, o conhaque, o molho inglês, o Tabasco, o tomilho e a pimenta-do-reino. Com duas colheres, misturar e remisturar por três minutos. Montar o Tartar como um hamburgão. Com uma das colheres, produzir um rebaixo bem no centro do Tartar. Nesse rebaixo, depositar a gema de ovo. Enfeitar com o reminho de salsinha. Escoltar com as torradinhas e com o pão de centeio.

ISCAS DE SALMÃO DO UGO TOGNAZZI

Ingredientes, para uma pessoa:
250g de salmão fresco, cortado em tirinhas, ao estilo de um sashimi
Sal
Pimenta-do-reino
1 colher, de sopa, bem cheia, de manteiga
2 dentes de alho, bem picadinhos
1 cálice de vinho branco, bem seco
8 azeitonas pretas, sem os caroços, cortadas em lasquinhas
16 alcaparras, bem lavadas
1 colher, de chá, cheia, de salsinha verde, bem batidinha
Algumas torradinhas, quentinhas, de pão do tipo baguette

Modo de fazer:
Temperar as tirinhas de salmão com o sal e com a pimenta-do-reino. Numa frigideira, derreter a manteiga e, nela, refogar o alho, sem permitir que se doure. Despejar o vinho. Acrescentar as azeitonas. Em fogo suave, colocar as tirinhas de salmão. Apenas aquecer, cuidadosamente, sem que as tirinhas se desmanchem. Agregar as alcaparras e a salsinha. Misturar, delicadamente. Servir com as torradinhas ainda quentinhas.

CROSTINI DOS FILHOS DO SL

INGREDIENTES, PARA UMA PESSOA:
2 fatias de pão italiano, tipo filão, com a casca, de 1cm de espessura
Azeite de olivas, preferivelmente o extravirgem
2 colheres, de sopa, bem cheias, de atum fresco, micrometricamente picadinho (ou, na sua falta, de atum em lata, em seu líquido natural
2 colheres, de sopa, bem cheias, de requeijão
Pimenta-do-reino, moidinha no momento

MODO DE FAZER:
Numa frigideira, sobre um bom fundo se azeite, tostar levemente as fatias de pão até que a superfície do seu miolo se mostre bem sequinha. Misturar muito bem o requeijão e o atum. Cobrir as fatias de pão com a pasta resultante. Levar ao forno médio para a pasta se gratinar.

CRÊPES DE SALMÃO E BRIE NO COULIS DE MAÇÃ

INGREDIENTES, PARA UMA PESSOA:
2 crepes/panquecas, feitos da maneira convencional
50g de salmão fresco, sem pele, cortado em tirinhas, 1cm por 1cm por 3cm
50g de queijo do tipo Brie, sem casca, em dadinhos
2 colheres, de café, de licor de amêndoas, do tipo Amaretto di Saronno
$2/3$ de xícara, de chá, de suco de maçã, do tipo longa-vida
Limão
1 colher, de chá, média, de manteiga sem sal
1 cálice de vinho do Porto, tinto, de boa qualidade

MODO DE FAZER:
Misturar o salmão, o queijo Brie e o licor de amêndoas. Colocar metade dessa combinação em um dos lados de cada crepe. Com o máximo de delicadeza, dobrar cada crepe por cima do seu recheio. Cada crepe ficará no formato e no desenho de um semicírculo. Num prato refratário, dispor os dois crepes de acordo com um desenho elegante. Cobrir o prato com uma folha de papel-alumínio ou com outro prato. Levar ao forno médio por cinco muinutos, para que o queijo se derreta. Paralelamente, combinar o suco de maçã, gotas de sumo de limão, a manteiga e metade do vinho do Porto. Misturar muito bem. Aquecer, rapidamente. Retirar o prato do forno. Cobrir os crepes com o molho de maçã. Por cima, charmosamente, despejar o resto do Porto, como se fosse uma pincelada na transversal dos crepes.

SPAGHETTI À SICILIANA

INGREDIENTES, PARA UMA PESSOA:
150g de spaghetti, pré-cozidos, um pouco antes do ponto al dente
Azeite de olivas
4 dentes de alho, cortados em lascas
1 xícara, de café, de vinho branco, bem seco
¾ de xícara, de chá, de molho de tomates
150g de atum em lata, do tipo sólido, conservado em seu líquido natural
4 azeitonas pretas, sem os caroços, cortadas em lascas
1 colher, de sopa, cheia, de alcaparras, bem lavadinhas
O sal necessário

MODO DE FAZER:
Numa frigideira, sobre um fundo de azeite, murchar o alho. Despejar o vinho branco. Levar à ebulição. Reduzir, por cerca de um minuto. Incorporar o molho de tomates. Misturar bem. Retomar a fervura. Rebaixar o calor. Cozinhar, por mais cinco minutos Agregar o atum, as azeitonas e as alcaparras. Misturar. Aquecer. Ajustar o sal. Lançar a massa no molho e terminá-la na frigideira. Esta receita não admite o uso de queijo.

SALMÃO NO MOLHO DA TIA ELVIRA

INGREDIENTES, PARA UMA PESSOA:
1 belo filé de salmão, de 250g de peso, com a pele na sua superfície inferior
Sal
Pimenta-do-reino
Azeite de olivas
3 dentes de alho, em palitos
1 cálice de vinho branco, bem seco
As polpas de 12 azeitonas pretas, das bem graúdas, preferivelmente do tipo Azapa, sem os caroços, trituradinhas
Pitadas de orégano e de pimentinha calabresa

MODO DE FAZER:
Temperar o salmão com o sal e com a pimenta-do-reino. Untar com bastante azeite e grelhar numa frigideira de fundo ranhurado, a pele para baixo. Não mais mexer, não virar. Paralelamente, noutra frigideira, aquecer um fundo de azeite e murchar o alho. Despejar o vinho. Levar à fervura. Rebeixar o calor. Agregar as azeitonas. Misturar e remisturar. A gosto, acrescentar o orégano e a pimentinha calabresa. Colocar o salmão no prato que for à mesa e cobrir com o molho. Servir com purê de batatas.

SALMÃO NA MANTEIGA DO CIRCUS

INGREDIENTES, PARA UMA PESSOA:
1 belo filé de salmão, de 250g de peso, com a pele na sua superfície inferior
Sal
Pimenta-do-reino
Azeite de olivas
3 colheres de sopa, médias, de manteiga
6 champignons, frescos, finamente laminados
2 colheres, de sopa, de vinho branco, bem seco
1 colher, de sopa, cheia, de alcaparras, bem lavadas
1 colher, de sopa, cheia, de lascas de amêndoas, sem as peles, bem tostadas
Salsinha verde, bem picadinha

MODO DE FAZER:
Temperar o salmão com o sal e com a pimenta-do-reino. Untar com bastante azeite e grelhar numa frigideira de fundo ranhurado, a pele para baixo. Não mais mexer, não virar. Paralelamente, noutra frigideira, derreter a manteiga e, rapidamente refogar os champignons. Cobrir com o vinho. Depois de um minuto, agregar as alcaparras. Misturar e remisturar. Colocar o salmão no prato que for à mesa. Cobrir com o molho. Por cima, espalhar as amêndoas e a salsinha. Servir com arroz e batatas *sautées*.

ATUM DA CONCA D'ORO

INGREDIENTES, PARA UMA PESSOA:
1 filé de atum fresco, já limpo, de cerca de 250g
Sal
Pimenta-do-reino
Azeite de olivas
Farinha de trigo
1 ovo, muito bem batido
Farinha de rosca, grossa
½ xícara, de chá, de molho de tomates
¼ de xícara, de chá, de vinho tinto, bem seco
¼ de xícara, de chá, de creme de leite, fresco
5 champignons, frescos, bem laminadinhos

MODO DE FAZER:
Temperar o atum com o sal e com a pimenta-do-reino. Numa frigideira, sobre um fundo raso de azeite, selar a sua superfície, trinta segundos de cada lado. Retirar. Escorrer. Secar. Passar na farinha de trigo e no ovo. Empanar muito bem na farinha de rosca. Dourar no azeite de olivas o suficiente para a farinha de rosca mudar de cor. Paralelamente, noutra panela, aquecer o molho de tomates. Agregar o vinho tinto. Levar à fervura. Rebaixar o calor. Reduzir, por cinco minutos. Incorporar o creme de leite e os champignons. Ajustar o ponto do sal. Colocar o peixe no centro do prato. Cobrir com o seu molho. Servir com arroz e com batatinhas *sautées*.

SALMÃO DA LUÍSA

INGREDIENTES, PARA UMA PESSOA:
1 belo filé de salmão, de 250g de peso, com a pele na sua superfície inferior
Sal
Pimenta-do-reino
Azeite de olivas
1 colher, de sopa, média, de manteiga
¾ de xícara, de chá, de molho branco, ou Béchamel
1 colher, de sopa, bem cheia, de manjericão trituradinho
2 colheres, de sopa, de queijo parmesão, ralado em fios bem robustos

MODO DE FAZER:
Temperar o salmão com o sal e com a pimenta-do-reino. Untar com bastante azeite e grelhar numa frigideira de fundo ranhurado, a pele para baixo. Não mais mexer, não virar. Paralelamente, noutra panela, derreter a manteiga. Misturar o Béchamel e o manjericão. Despejar na manteiga. Aquecer. Colocar o salmão num prato refratário. Cobrir o peixe com o seu molho. No topo, despejar os fios de parmesão. Sobre o queijo, derramar mais um fio de azeite. Levar ao forno médio para o queijo se gratinar. Servir com arroz branco e com um batata assada, com casca.

ATUM À MODA DO TELMO

INGREDIENTES, PARA UMA PESSOA:
1 colher, de sopa, cheia, de manteiga
½ cebola, branca, cortada em gomos
¼ de xícara, de chá, de vinho branco, bem seco
1 colher, de sopa, rasa, de gengibre fresco, bem raladinho
1 colher, de sopa, de vinagre balsâmico
2 colheres, de sopa, de mel
1 colher, de chá, de shoyu
4 brotinhos de brócolos, pré-cozidos no vapor
1 belo filé de atum, completamente limpo, de 250g de peso
Sal
Pimenta-do-reino
Azeite de olivas
1 colher, de mesa, de cebolinha verde, cortada em argolinhas delicadas

MODO DE FAZER:
Numa frigideira, derreter a manteiga, sem permitir que borbulhe. Murchar a cebola. Cobrir com o vinho. Levar à fervura. Rebaixar o calor. Agregar o gengibre. Murchar, mexendo e remexendo, por um minuto. Acrescentar o mel e o vinagre. Misturar e remisturar bem, até que todo o mel se dilua. Incorporar o shoyu. Retirar do calor. Reservar. Temperar o atum com o sal e com a pimenta-do-reino. Untar com o azeite. Grelhar, sobre brasas, ou numa frigideira com o fundo ranhurado, noventa segundos de cada lado – ou, o suficiente para a sua superfície ficar selada e o seu interior se aquecer, sem perder o tom rosado. Reesquentar o molho. Servir o atum com o molho por cima. No topo, espalhar a cebolinha verde. Escoltar com arroz soltinho.

BACALHAU

Antes de qualquer outra consideração, vamos ao que interessa. Ou seja, à definição de um bacalhau de verdade, o único, o autêntico, o clássico *Gadus morhua* – que se confunde, numa feira, numa mercearia, num supermercado, até mesmo numa loja de iguarias importadas, com ao menos quatro primos bem mais pobres: o ling (*Molva molva*), o saithe (*Pollachius virens*), o zarbo (*Brosme brosme*) e, inclusive, a cabocla abrôtea (*Urophycis brasiliensis*). Todos esses peixes integram a estirpe dos Gadídeos. Legítimo, no entanto, só o *Gadus morhua* pode merecer o nome efetivo e correto de bacalhau.

Tal preciosidade provém das águas mais frias do Atlântico Norte. E faz mais de um milênio que os povos daquelas plagas aprenderam a salgá-lo e a secá-lo para a sua duradoura conservação. Um bicho formidável, espetacular, o bacalhau – de fato, incrivelmente prolífico. Numa temporada, a sua fêmea, madura, consegue produzir 4.500.000 ovos. Sobre o *Gadus morhua*, aliás, o genial Alexandre Dumas (1802-1870), criador de *Os Três Mosqueteiros* e, além disso, também um *gourmet* apaixonado, divertidamente escreveu: "Não acontecesse nenhum acidente no desenvolvimento das ninhadas, em meros três anos os ovos de bacalhau preencheriam toda a superfície dos oceanos e se poderia caminhar, a pé, sobre a sua massa, da Europa às Américas".

Desafortunadamente, uma pena mesmo, tais ovos são particularmente delicados. Depois de postos pelas mamães, costumam flutuar sem destino e se tornam vítimas fáceis dos predadores de plantão. Pior, nos casos em que os ovos eventualmente conseguem eclodir e liberar os seus alevinos, os filhotes demoram três, quatro anos até atingir um tamanho e um vigor que os deixem definitivamente livres de qualquer ameaça. Por isso, e por causa da sua pesca indiscriminada, até por volta dos meados do século XX, o bacalhau autêntico se tornou ameaçado de extinção. Instrumentos reguladores se impuseram à sua captura – para 2006, por exemplo, a Comunidade Européia limitou os barcos a recolher, no máximo 50% dos peixes de tamanhos adultos. Num resumo: a cada bacalhau que cai na rede, um outro tem de ser devolvido ao mar.

Hoje, claro, já não existe a necessidade medieval de salgá-lo e de secá-lo como um método de conservação. Os barcos, moderníssimos, que procuram o bacalhau dispõem, afinal, de equipamentos de limpeza, de evisceração e de *freezers*. De todo modo, é uma tradição universal se desfrutar um bacalhau depois de dignamente regenerado. Parecem infinitas as formas de reidratá-lo. Nos restaurantes, se mantém o produto em água corrente durante o mínimo de 48 horas. Claro, em casa, ninguém utiliza tal sistema por razões de economia do líquido precioso. Há quem coloque o peixe no leite. Há quem o bote numa rápida fervura e, então, o lance num caldeirão de água gelada. Pessoalmente, prefiro adotar um método mais cauteloso e mais paciente. Dois dias antes de usar um bacalhau, eu o coloco num *tupperware* adequado, cheio de água e gelo, e o guardo no refrigerador. Troco a água e o gelo a cada seis horas.

Ah, resta explicar de que maneira se distingue um bacalhau verdadeiro dos seus aparentados. Simples. Num verdadeiro, aberto em duas partes, a sua envergadura é muito maior do que a dos correlatos. Sem dizer que a ponta da sua cauda é reta, enquanto que a dos aparentados termina em um ângulo. Na dúvida, consulte o termo de qualidade que obrigatoriamente, por uma norma internacional, acompanha o produto. Se não for *Gadus*, não é bacalhau.

BACALHAU COM BATATA NO MURRO

INGREDIENTES, PARA UMA PESSOA:
1 posta de bacalhau, já reidratada, de cerca de 250g de peso
Abundante azeite de olivas
½ cebola, branca, cortada em gomos
1 cálice de vinho branco, bem seco
1 tomate, bem vermelho, sem as sementes, em gomos
Sal
Pimenta-do-reino
1 batata, pré-cozida, com a casca
1 ovo, cozido, descascado, cortado em duas metades
4 azeitonas pretas, graúdas, do tipo Azapa, sem os caroços
Salsinha verde, bem batidinha

MODO DE FAZER:
Numa terrina refratária, de tamanho adequado, em que não sobrem espaços largos ao redor da posta, depositar o bacalhau. Banhar com bastante azeite. Levar ao forno médio, pré-aquecido, por doze minutos, virando e revirando a cada três e molhando o topo da posta com mais azeite. Paralelamente, numa frigideira, sobre um fundo de azeite, murchar a cebola. Despejar o vinho. Levar à fervura. Reduzir o calor. Agregar o tomate. Mexer e remexer, até que os gomos de tomate ameacem se desmanchar. Temperar com o sal e com a pimenta-do-reino. Com um golpe de mão, seco, rápido, quebrar a superfície da batata, sem que ela se esmague. Elegantemente, montar o prato com o bacalhau, a batata, as metades dos ovos, as suas gemas para cima, e as azeitonas. Cobrir o bacalhau com o molho de cebola e de tomates. Espalhar, por cima de tudo, a salsinha verde. Despejar mais e mais azeite no prato.

BACALHAU À LANCELLOTTIANA

INGREDIENTES, PARA UMA PESSOA:
1 posta de bacalhau, já reidratada, de cerca de 250g de peso
Muito azeite de olivas
3 azeitonas pretas, graúdas, do tipo Azapa, sem os caroços
½ xícara, de chá, de grãos-de-bico, já cozidos, no ponto al dente
¾ de pimentão vermelho, cortado em tiras de 2cm x 4cm
3 batatinhas, das pequenas, redondinhas, descascadas
¾ de xícara de molho de tomates
1 colher, de sopa, de alcaparras
Sal
Salsinha picadinha.

MODO DE FAZER:
Numa terrina refratária, de tamanho adequado, em que não sobrem espaços largos ao redor da posta, depositar o bacalhau. Banhar com bastante azeite. Espalhar as azeitonas e os grãos-de-bico. Cobrir homogeneamente com as tiras de pimentão. Preencher os vazios eventuais com as batatinhas. Espalhar as alcaparras. Banhar com mais azeite. Incorporar o molho de tomates. Proteger com papel-alumínio. Levar ao forno médio pré-aquecido, por quinze minutos. Eliminar o papel-alumínio. Experimentar. Caso necessário, acertar o ponto do sal no molho. Rebaixar o calor do forno e manter mais três minutos. No prato, espargir a salsinha.

BACALHAU ZÉ DO PIPO

INGREDIENTES, PARA UMA PESSOA:
1 posta de bacalhau, já reidratada, de cerca de 250g de peso
Leite, o quanto bastar
Azeite de olivas
2 colheres, de sopa, cheias, de cebola branca, picada
½ folha de louro
Sal
Pimenta-do-reino
¾ de xícara, de chá, de maionese
¼ de xícara, de chá, de purê de batatas
5 azeitas pretas, das graúdas, do tipo Azapa, sem os caroços

MODO DE FAZER:
Numa caçarolinha de tamanho adequado, em que não sobrem espaços largos ao redor da posta, depositar o bacalhau. Cobrir com o leite necessário. Levar à fervura. Rebaixar o calor. Cozinhar por mais cinco minutos. Retirar. Escorrer. Numa frigideira, sobre um fundinho de azeite, murchar a cebola e o louro. Banhar com uma colherada do leite do cozimento do bacalhau. Depositar o bacalhau numa terrina, refratária, preferivelmente de barro, também de tamanho adequado. Por cima, espalhar a cebola. Cobrir com a maionese. Daí, com a ajuda de um sacapuxa ou de uma bisnaga, contornar as bordas da terrina com a maionese. Levar ao forno, médio, pré-aquecido, para o topo se gratinar. Enfeitar com as azeitonas. Servir no próprio recipiente.

COMBINAÇÕES

O segmento que completa este livreto contém sete alquimias que tive o prazer e o privilégio de desenvolver – e que por anos mantive em segredo. Em todas acontece um casamento de dois pescados, ou um peixe e um outro dos frutos do mar que integram esta coleção. Desfrute, como eu já fiz.

CARPACCIO EM HONRA DO IVAN E DO PAULO

INGREDIENTES, PARA UMA PESSOA:
3 colheres, de sopa, de maionese
½ dente de alho, trituradinho
1 colher, de chá, rasa, de salsinha verde, muito bem batidinha
1 colher, de sobremesa, de azeite de olivas
6 lâminas, do tipo sashimi, 5mm x 2cm x 4cm, de salmão fresco, cru
6 lâminas, nas mesmas dimensões, de atum fresco, cru
Mais azeite
1 ramo de tomilho, desmanchado
O sumo de ½ laranja-de-umbigo, coada
1 colher, de chá, rasa, de pimenta vermelha, dedo-de-moça, sem as sementes, picadinha
Mais uma colher, de chá, rasinha, de salsinha verde, batida
Pimenta-do-reino, moída na hora

MODO DE FAZER:
Num processador, bater a maionese, o alho, a primeira colher de salsinha e o azeite. Passar numa peneira bem fina. Forrar o fundo do prato, em espiral, com o resultado dessa combinação. Passar levemente as lâminas de salmão e de atum no azeite de olivas. Depositar, sobre a maionese, de modo que as cores se intercalem. Por cima, espalhar um pouco de tomilho desmanchadinho. Temperar com uma rodada de sumo de laranja-de-umbigo. Espalhar a pimenta vermelha, a salsinha restante e a pimenta-do-reino.

PENNE DA GIULIA

INGREDIENTES, PARA UMA PESSOA:
150g da penne, já cozidas, um pouco antes do ponto al dente
1 colher, de sopa, bem cheia, de manteiga
2 colheres, de sopa, bem cheias, de cebolinha verde, em argolinhas
100g de salmão, em lascas do tipo sashimi
1 lagostinha, 100g, fresca, já limpa, cortada nas suas juntas anatômicas
2 cálices de vodca
½ xícara, de chá, de creme de leite, fresco
Sal
Pimenta-do-reino, preferivelmente a moidinha no momento

MODO DE FAZER:
Numa frigideira, derreter a manteiga, sem permitir que borbulhe. Murchar a cebolinha. Colocar as lascas do salmão e os pedaços da lagostinha. Refogar por uns trinta segundos. Flambar com a vodca. Incorporar o creme de leite. Em fogo baixo, cozinhar por três minutos. Acertar o ponto do sal. Incorporar a massa. Terminar o seu cozimento no molho. No prato que for à mesa, espalhar a pimenta-do-reino. Esta receita não admite parmesão.

PESCADINHA COM TOMATES E KANIKAMA

INGREDIENTES, PARA UMA PESSOA:
250g de pescadinha já limpa, aberta, retiradas as espinhas, o seu interior bem temperado com sal e com pimenta-do-reino, e daí refechada, ainda com a pele, como se estivesse inteira
Azeite de olivas
¾ de xícara, de chá, de molho de tomates
Orégano
2 tabletes de caranguejo kanikama, desfiadinhos à mão
1 colher, de sopa, de alcaparras

MODO DE FAZER:
Untar a pescadinha muito bem com o azeite. Numa grelha, sobre brasas, ou numa frigideira de fundo ranhurado, dourar por três minutos de cada lado. Paralelamente, numa caçarolinha, sobre um pouco de azeite, aquecer bem o molho de tomates. Temperar com o orégano a gosto. Agregar o kanikama e as alcaparras. Misturar e remisturar. No prato, cobrir a pescadinha com o seu molho. Servir com arroz branco e batatinhas fritas.

ESPETOS DE TRÊS PEIXES NO RISOTO DE CAMARÃO

INGREDIENTES, PARA UMA PESSOA:
2 cubinhos de dourado de rio, bem limpo, de 30g
2 cubinhos de pintado, idem
2 cubinhos de atum, idem
6 quadrados de polpa de tomate, 2cm x 2cm
6 quadrados de cebola branca, idem
6 quadrados de pimentão amarelo, idem
Sal
Pimenta-do-reino
Azeite de olivas
1 colher, de mesa, de manteiga
¾ de xícara, de chá, de arroz branco, pré-cozido, al dente
1 colher, de sopa, de vinho branco, bem seco
2 colheres, de sopa, de caldo de camarões
1 colher, de sopa, de polpa peneirada de tomates
1 camarão, dos graúdos, já tratado com a minha técnica básica, cortado nas suas juntas anatômicas
1 colher, de chá, cheia, de parmesão ralado
1 colher, de chá, rasa, de cebolinha verde, em argolas

MODO DE FAZER:
Montar dois espetinhos, cada qual com um dos cubos de dourado, de pintado e de atum, intercalados com os quadrados de tomate, de cebola branca e de pimentão amarelo. Temperar moderadamente com o sal e com a pimenta-do-reino. Untar muito bem com o azeite e levar a uma grelha, sobre brasas, ou a uma frigideira de fundo ranhurado. Cuidar do tempo de calor, para que os peixes não se ressequem. Paralelamente, numa frigideira, derreter a manteiga e colocar o arroz. Misturar. Despejar o vinho, o caldo de camarões e a polpa de tomates. Misturar e remisturar. Agregar o camarão em pedaços. Virar e revirar por um minuto. Incorporar o parmesão e as argolas de cebolinha. Servir os espetos meigamente debruçados por sobre o risoto.

LINGUADO NO MOLHO DE OSTRAS E GENGIBRE

INGREDIENTES, PARA UMA PESSOA:
1 filé de linguado, limpo, bem retangular, de cerca de 250g de peso
Sal
Pimenta-do-reino
Azeite de olivas
2 colheres, de sopa, médias, de manteiga
1 colher, de sopa, cheia, de gengibre fresco, em palitinhos
2 colheres, de sopa, de conhaque de vinho, de qualidade
2 colheres, de sopa, de molho de tomates
1 colher, de sopa, de mel
1 colher, de sopa, de vinagre balsâmico
O sumo, coado, de meio limão
6 ostras, claro, retiradas das cascas
1 colher, de sopa, de cebolinha verde, em argolinhas

MODO DE FAZER:
Temperar o linguado com o sal e com a pimenta-do-reino. Untar com azeite. Levar a uma grelha, ou a uma frigideira com o fundo ranhurado, e dourar por dois minutos de cada lado. Paralelamente, numa frigideira normal, derreter a manteiga e murchar o gengibre. Cobrir com o conhaque, o molho de tomates, o mel, o vinagre balsâmico e o sumo do meio limão. Misturar muito bem. Testar o sabor final, que depende do tipo de mel a ser usado. O resultado precisa ficar suficientemente agridoce, de uma maneira engenhosamente equilibrada. No último instante, colocar as ostras. Virar e revirar, apenas por trinta segundos. Colocar o peixe no prato e cobrir com o seu molho. Enfeitar o seu topo com as argolinhas de cebolinha verde.

FILÉ DE LINGUADO À QUASE WALEWSKA

INGREDIENTES, PARA UMA PESSOA:
1 filé de linguado, limpo, sem a pele e sem as espinhas
Sal
Pimenta-do-reino
1 xícara, de chá, de caldo de peixe
2 postas de lagosta, já cozida, de cerca de 1cm de espessura cada
2 cabeças de cogumelos shiitake, frescos, cortados em tiras, 1 cm de espessura
1 xícara, de chá, de molho branco, ou Béchamel
Parmesão, finamente raladinho

MODO DE FAZER:
Temperar o linguado com o sal e com a pimenta-do-reino. Numa panela conveniente, em que o linguado caiba, sem muito espaço além das suas margens, levar o caldo de peixe à ebulição. No caldo, pochear o linguado, por três minutos. Retirar. Escorrer. Depositar, com um fundinho do caldo, num recipiente refratário, também em que o linguado caiba, sem muito espaço além das suas margens. Cobrir com as postas de lagosta e com as tiras de cogumelo. Banhar com o molho branco. Por cima, pulverizar o parmesão abundantemente. Levar ao forno forte para gratinar. Servir com arroz.

CARTOCCIO SL DE LINGUADO E SALMÃO

INGREDIENTES, PARA UMA PESSOA:
1 folha de papel-alumínio, 25 x 25cm
Manteiga
1 belo filé de linguado, de 120g de peso, cortado em retângulo, cerca de 6 x 12cm
1 belo filé de salmão, mesmo peso, mesmas dimensões e mesma espessura do linguado
Sal
Pimenta-do-reino, preferivelmente a moída na hora
¾ de xícara, de chá, de creme de leite, preferivelmente o longa-vida, mais espesso.
½ xícara, de chá, de parmesão raladinho
Noz-moscada
1 colher, de sopa, cheia, de dadinhos de tomate
Orégano

MODO DE FAZER:
Untar o papel-alumínio com a manteiga. Temperar o linguado e o salmão com o sal e com a pimenta-do-reino. Misturar, muito bem, o creme de leite e o parmesão. Condimentar, sem medo, com a noz-moscada. No meio do papel, depositar o salmão. Sobre o salmão, espalhar metade do creme de parmesão. Cobrir com o linguado. Sobre o linguado, espalhar o restante do creme de parmesão. No topo de tudo, espalhar os dadinhos de tomate e as pitadas de orégano. Fechar o cartoccio, deixando bastante espaço para os peixes respirarem e para que o creme não se grude no papel – o cartoccio fica com o formato de um saco de pipocas de microondas. Levar ao forno, 220 graus, por sete, oito minutos. Colocar o cartoccio no prato. Abri-lo no momento de saboreá-lo. Escoltar com batatas *sautées*.

ÍNDICE DAS RECEITAS (Por ordem alfabética)

Arroz de polvo 41
Atum à moda do Telmo..131
Atum da Conca d'Oro...129
Bacalhau à lancellottiana 135
Bacalhau com batata no murro 134
Bacalhau Zé do Pipo..136
Badejo com erva-doce, pupunha e tomilho....................110
Badejo do Circus Club 118
Badejo gratinado com queijos e Amaretto 119
Bisque de ostras à moda francesa 23
Bisque de ostras à moda russa 22
Blackened fish com arroz agridoce 116
Bloody oysters 19
Bobó de camarões..75
Camarões à adriática 61
Camarões à americana...72
Camarões à bahiana...59
Camarões à Newburg..73
Camarões à oriental...63
Camarões à princesinha 54
Camarões à provençal 55
Camarões à vicentina 56
Camarões ao champagne 74
Camarões ao curry, receita clássica 70
Camarões da Vivi 69
Camarões do Elvis Presley..67
Camarões do Lucas com palmito fresco 58
Camarões do Renato 71
Camarões Don Edoardo 62
Camarões no catupiry verdadeiro....................................65
Camarões premiados em manga e maracujá...................68
Caranguejo na vinaigrette de menta................................46
Carpaccio em honra do Ivan e do Paulo 138
Cartoccio SL de linguado e salmão...............................144

Casquinha de caranguejo	47
Ceviche de linguado	106
Chop suey de camarões	64
Coquetel de camarões	53
Crêpes de salmão e brie no coulis de maçã	125
Crostini dos filhos do SL	124
Cuscuz paulista no seu molho picante	81
Empadão assado da Vivi	83
Escabeche de sardinhas	107
Espeto de pintado com cuscuz de lagostinhas	100
Espeto de tucunaré com pirão de cupuaçu	102
Espetos de três peixes no risoto de camarão	141
Filé de badejo à la meuniére	111
Filé de badejo bonne femme	114
Filé de badejo na sauna seca	117
Filé de linguado à quase Walewska	143
Guisado de camarões e uvas na moranguinha	66
Iscas de kani ao meio-dia	50
Iscas de salmão do Ugo Tognazzi	123
Lagosta à moda de Fidel Castro	87
Lagosta à Thermidor	91
Lagostinhas à Mazzarese	88
Lagostinhas do almirante	93
Linguado na manteiga de alecrim	115
Linguado no molho de ostras e gengibre	142
Lulas à moda do Tiê	36
Lulas empanadinhas	35
Lulas recheadas do SL	37
Mexilhões à bourguignonne	30
Mexilhões à marinara	29
Mexilhões à vinaigrette	28
Mexilhões de capote	31
Moqueca de camarões na frigideira	60
Moqueca de lagostinhas na frigideira	89
Moqueca de robalo na frigideira	120
Ostras à bourguignonne	20
Ostras à Rockefeller	21

Paella tradicional	80
Pane e vongole	15
Penne da giulia	139
Pescadinha com tomates e kanikama	140
Pescadinha maluca na farofa de milho	112
Polvo à napolitana	42
Polvo ensopado à siracusana	40
Quiche de caranguejo	48
Quiche de ostras	26
Robalo no sal grosso	109
Salada de lulas	34
Salmão da Luísa	130
Salmão na manteiga do Circus	128
Salmão no molho da tia Elvira	127
Salpicão de lagostinhas	86
Sashimi de polvo à moda do bodão	39
Sopa de mexilhões	32
Spaghetti à siciliana	126
Spaghetti à trapanese	108
Spaghetti alla gamberesca	79
Spaghetti alle vongole (in bianco)	16
Spaghetti alle vongole (in rosso)	17
Spaghetti no molho suave de ostras	24
Tambaqui com risotinho de caranguejo	101
Tartar de salmão à la reine	122
The poor boy sandwich	25
Vatapá à moda de Helena Lancellotti	77
Verdes e kanikama no molho de frutas	49
Zarzuela de lagosta	90

Coleção **L&PM** POCKET (LANÇAMENTOS MAIS RECENTES)

232. **O mágico de Oz** – L. Frank Baum
233. **Armas no Cyrano's** – Raymond Chandler
234. **Max e os felinos** – Moacyr Scliar
235. **Nos céus de Paris** – Alcy Cheuiche
236. **Os bandoleiros** – Schiller
237. **A primeira coisa que eu botei na boca** – Deonísio da Silva
238. **As aventuras de Simbad, o marújo**
239. **O retrato de Dorian Gray** – Oscar Wilde
240. **A carteira de meu tio** – J. Manuel de Macedo
241. **A luneta mágica** – J. Manuel de Macedo
242. **A metamorfose** – Kafka
243. **A flecha de ouro** – Joseph Conrad
244. **A ilha do tesouro** – R. L. Stevenson
245. **Marx - Vida & Obra** – José A. Giannotti
246. **Gênesis**
247. **Unidos para sempre** – Ruth Rendell
248. **A arte de amar** – Ovídio
249. **O sono eterno** – Raymond Chandler
250. **Novas receitas do Anonymus Gourmet** – J.A.P.M.
251. **A nova catacumba** – Arthur Conan Doyle
252. **O dr. Negro** – Arthur Conan Doyle
253. **Os voluntários** – Moacyr Scliar
254. **A bela adormecida** – Irmãos Grimm
255. **O príncipe sapo** – Irmãos Grimm
256. **Confissões *e* Memórias** – H. Heine
257. **Viva o Alegrete** – Sergio Faraco
258. **Vou estar esperando** – R. Chandler
259. **A senhora Beate e seu filho** – Schnitzler
260. **O ovo apunhalado** – Caio Fernando Abreu
261. **O ciclo das águas** – Moacyr Scliar
262. **Millôr Definitivo** – Millôr Fernandes
264. **Viagem ao centro da Terra** – Júlio Verne
265. **A dama do lago** – Raymond Chandler
266. **Caninos brancos** – Jack London
267. **O médico e o monstro** – R. L. Stevenson
268. **A tempestade** – William Shakespeare
269. **Assassinatos na rua Morgue** – E. Allan Poe
270. **99 corruíras nanicas** – Dalton Trevisan
271. **Broquéis** – Cruz e Sousa
272. **Mês de cães danados** – Moacyr Scliar
273. **Anarquistas – vol. 1 – A idéia** – G. Woodcock
274. **Anarquistas – vol. 2 – O movimento** – G. Woodcock
275. **Pai e filho, filho e pai** – Moacyr Scliar
276. **As aventuras de Tom Sawyer** – Mark Twain
277. **Muito barulho por nada** – W. Shakespeare
278. **Elogio da loucura** – Erasmo
279. **Autobiografia de Alice B. Toklas** – G. Stein
280. **O chamado da floresta** – J. London
281. **Uma agulha para o diabo** – Ruth Rendell
282. **Verdes vales do fim do mundo** – A. Bivar
283. **Ovelhas negras** – Caio Fernando Abreu
284. **O fantasma de Canterville** – O. Wilde
285. **Receitas de Yayá Ribeiro** – Celia Ribeiro
286. **A galinha degolada** – H. Quiroga
287. **O último adeus de Sherlock Holmes** – A. Conan Doyle
288. **A. Gourmet *em* Histórias de cama & mesa** – J. A. Pinheiro Machado
289. **Topless** – Martha Medeiros
290. **Mais receitas do Anonymus Gourmet** – J. A. Pinheiro Machado
291. **Origens do discurso democrático** – D. Schüler
292. **Humor politicamente incorreto** – Nani
293. **O teatro do bem e do mal** – E. Galeano
294. **Garibaldi & Manoela** – J. Guimarães
295. **10 dias que abalaram o mundo** – John Reed
296. **Numa fria** – Charles Bukowski
297. **Poesia de Florbela Espanca** vol. 1
298. **Poesia de Florbela Espanca** vol. 2
299. **Escreva certo** – E. Oliveira e M. E. Bernd
300. **O vermelho e o negro** – Stendhal
301. **Ecce homo** – Friedrich Nietzsche
302(7). **Comer bem, sem culpa** – Dr. Fernando Lucchese, A. Gourmet e Iotti
303. **O livro de Cesário Verde** – Cesário Verde
305. **100 receitas de macarrão** – S. Lancellotti
306. **160 receitas de molhos** – S. Lancellotti
307. **100 receitas light** – H. e Â. Tonetto
308. **100 receitas de sobremesas** – Celia Ribeiro
309. **Mais de 100 dicas de churrasco** – Leon Diziekaniak
310. **100 receitas de acompanhamentos** – C. Cabeda
311. **Honra ou vendetta** – S. Lancellotti
312. **A alma do homem sob o socialismo** – Oscar Wilde
313. **Tudo sobre Yôga** – Mestre De Rose
314. **Os varões assinalados** – Tabajara Ruas
315. **Édipo em Colono** – Sófocles
316. **Lisístrata** – Aristófanes / trad. Millôr
317. **Sonhos de Bunker Hill** – John Fante
318. **Os deuses de Raquel** – Moacyr Scliar
319. **O colosso de Marússia** – Henry Miller
320. **As eruditas** – Molière / trad. Millôr
321. **Radicci 1** – Iotti
322. **Os Sete contra Tebas** – Ésquilo
323. **Brasil Terra à vista** – Eduardo Bueno
324. **Radicci 2** – Iotti
325. **Júlio César** – William Shakespeare
326. **A carta de Pero Vaz de Caminha**
327. **Cozinha Clássica** – Sílvio Lancellotti
328. **Madame Bovary** – Gustave Flaubert
329. **Dicionário do viajante insólito** – M. Sclíar
330. **O capitão saiu para o almoço...** – Bukowski
331. **A carta roubada** – Edgar Allan Poe
332. **É tarde para saber** – Josué Guimarães
333. **O livro de bolso da Astrologia** – Maggy Harrisonx e Mellina Li
334. **1933 foi um ano ruim** – John Fante
335. **100 receitas de arroz** – Aninha Comas
336. **Guia prático do Português correto – vol. 1** – Cláudio Moreno
337. **Bartleby, o escriturário** – H. Melville
338. **Enterrem meu coração na curva do rio** – Dee Brown
339. **Um conto de Natal** – Charles Dickens
340. **Cozinha sem segredos** – J. A. P. Machado
341. **A dama das Camélias** – A. Dumas Filho
342. **Alimentação saudável** – H. e Â. Tonetto

343. **Continhos galantes** – Dalton Trevisan
344. **A Divina Comédia** – Dante Alighieri
345. **A Dupla Sertanajo** – Santiago
346. **Cavalos do amanhecer** – Mario Arregui
347. **Biografia de Vincent van Gogh por sua cunhada** – Jo van Gogh-Bonger
348. **Radicci 3** – Iotti
349. **Nada de novo no front** – E. M. Remarque
350. **A hora dos assassinos** – Henry Miller
351. **Flush - Memórias de um cão** – Virginia Woolf
352. **A guerra no Bom Fim** – M. Scliar
353(1). **O caso Saint-Fiacre** – Simenon
354(2). **Morte na alta sociedade** – Simenon
355(3). **O cão amarelo** – Simenon
356(4). **Maigret e o homem do banco** – Simenon
357. **As uvas e o vento** – Pablo Neruda
358. **On the road** – Jack Kerouac
359. **O coração amarelo** – Pablo Neruda
360. **Livro das perguntas** – Pablo Neruda
361. **Noite de Reis** – William Shakespeare
362. **Manual de Ecologia** – vol.1 – J. Lutzenberger
363. **O mais longo dos dias** – Cornelius Ryan
364. **Foi bom prá você?** – Nani
365. **Crepusculário** – Pablo Neruda
366. **A comédia dos erros** – Shakespeare
367(5). **A primeira investigação de Maigret** – Simenon
368(6). **As férias de Maigret** – Simenon
369. **Mate-me por favor (vol.1)** – L. McNeil
370. **Mate-me por favor (vol.2)** – L. McNeil
371. **Carta ao pai** – Kafka
372. **Os vagabundos iluminados** – J. Kerouac
373(7). **O enforcado** – Simenon
374(8). **A fúria de Maigret** – Simenon
375. **Vargas, uma biografia política** – H. Silva
376. **Poesia reunida (vol.1)** – A. R. de Sant'Anna
377. **Poesia reunida (vol.2)** – A. R. de Sant'Anna
378. **Alice no país do espelho** – Lewis Carroll
379. **Residência na Terra 1** – Pablo Neruda
380. **Residência na Terra 2** – Pablo Neruda
381. **Terceira Residência** – Pablo Neruda
382. **O delírio amoroso** – Bocage
383. **Futebol ao sol e à sombra** – E. Galeano
384(9). **O porto das brumas** – Simenon
385(10). **Maigret e seu morto** – Simenon
386. **Radicci 4** – Iotti
387. **Boas maneiras & sucesso nos negócios** – Celia Ribeiro
388. **Uma história Farroupilha** – M. Scliar
389. **Na mesa ninguém envelhece** – J. A. P. Machado
390. **200 receitas inéditas do Anonymous Gourmet** – J. A. Pinheiro Machado
391. **Guia prático do Português correto – vol.2** – Cláudio Moreno
392. **Breviário das terras do Brasil** – Assis Brasil
393. **Cantos Cerimoniais** – Pablo Neruda
394. **Jardim de Inverno** – Pablo Neruda
395. **Antonio e Cleópatra** – William Shakespeare
396. **Tróia** – Cláudio Moreno
397. **Meu tio matou um cara** – Jorge Furtado
398. **O anatomista** – Federico Andahazi
399. **As viagens de Gulliver** – Jonathan Swift
400. **Dom Quixote – v.1** – Miguel de Cervantes
401. **Dom Quixote – v.2** – Miguel de Cervantes
402. **Sozinho no Pólo Norte** – Thomaz Brandolin
403. **Matadouro 5** – Kurt Vonnegut
404. **Delta de Vênus** – Anaïs Nin
405. **O melhor de Hagar 2** – Dik Browne
406. **É grave Doutor?** – Nani
407. **Orai pornô** – Nani
408(11). **Maigret em Nova York** – Simenon
409(12). **O assassino sem rosto** – Simenon
410(13). **O mistério das jóias roubadas** – Simenon
411. **A irmãzinha** – Raymond Chandler
412. **Três contos** – Gustave Flaubert
413. **De ratos e homens** – John Steinbeck
414. **Lazarilho de Tormes** – Anônimo do séc. XVI
415. **Triângulo das águas** – Caio Fernando Abreu
416. **100 receitas de carnes** – Sílvio Lancellotti
417. **Histórias de robôs: vol.1** – org. Isaac Asimov
418. **Histórias de robôs: vol.2** – org. Isaac Asimov
419. **Histórias de robôs: vol.3** – org. Isaac Asimov
420. **O país dos centauros** – Tabajara Ruas
421. **A república de Anita** – Tabajara Ruas
422. **A carga dos lanceiros** – Tabajara Ruas
423. **Um amigo de Kafka** – Isaac Singer
424. **As alegres matronas de Windsor** – Shakespeare
425. **Amor e exílio** – Isaac Bashevis Singer
426. **Use & abuse do seu signo** – Marília Fiorillo e Marylou Simonsen
427. **Pigmaleão** – Bernard Shaw
428. **As fenícias** – Eurípides
429. **Everest** – Thomaz Brandolin
430. **A arte de furtar** – Anônimo do séc. XVI
431. **Billy Bud** – Herman Melville
432. **A rosa separada** – Pablo Neruda
433. **Elegia** – Pablo Neruda
434. **A garota de Cassidy** – David Goodis
435. **Como fazer a guerra: máximas de Napoleão** – Balzac
436. **Poemas escolhidos** – Emily Dickinson
437. **Gracias por el fuego** – Mario Benedetti
438. **O sofá** – Crébillon Fils
439. **O "Martín Fierro"** – Jorge Luis Borges
440. **Trabalhos de amor perdidos** – W. Shakespeare
441. **O melhor de Hagar 3** – Dik Browne
442. **Os Maias (volume1)** – Eça de Queiroz
443. **Os Maias (volume2)** – Eça de Queiroz
444. **Anti-Justine** – Restif de La Bretonne
445. **Juventude** – Joseph Conrad
446. **Contos** – Eça de Queiroz
447. **Janela para a morte** – Raymond Chandler
448. **Um amor de Swann** – Marcel Proust
449. **À paz perpétua** – Immanuel Kant
450. **A conquista do México** – Hernan Cortez
451. **Defeitos escolhidos e 2000** – Pablo Neruda
452. **O casamento do céu e do inferno** – William Blake
453. **A primeira viagem ao redor do mundo** – Antonio Pigafetta
454(14). **Uma sombra na janela** – Simenon
455(15). **A noite da encruzilhada** – Simenon
456(16). **A velha senhora** – Simenon
457. **Sartre** – Annie Cohen-Solal
458. **Discurso do método** – René Descartes
459. **Garfield em grande forma (1)** – Jim Davis
460. **Garfield está de dieta (2)** – Jim Davis

461. **O livro das feras** – Patricia Highsmith
462. **Viajante solitário** – Jack Kerouac
463. **Auto da barca do inferno** – Gil Vicente
464. **O livro vermelho dos pensamentos de Millôr** – Millôr Fernandes
465. **O livro dos abraços** – Eduardo Galeano
466. **Voltaremos!** – José Antonio Pinheiro Machado
467. **Rango** – Edgar Vasques
468(8). **Dieta mediterrânea** – Dr. Fernando Lucchese e José Antonio Pinheiro Machado
469. **Radicci 5** – Iotti
470. **Pequenos pássaros** – Anaïs Nin
471. **Guia prático do Português correto – vol.3** – Cláudio Moreno
472. **Atire no pianista** – David Goodis
473. **Antologia Poética** – García Lorca
474. **Alexandre e César** – Plutarco
475. **Uma espiã na casa do amor** – Anaïs Nin
476. **A gorda do Tiki Bar** – Dalton Trevisan
477. **Garfield um gato de peso (3)** – Jim Davis
478. **Canibais** – David Coimbra
479. **A arte de escrever** – Arthur Schopenhauer
480. **Pinóquio** – Carlo Collodi
481. **Misto-quente** – Charles Bukowski
482. **A lua na sarjeta** – David Goodis
483. **O melhor do Recruta Zero (1)** – Mort Walker
484. **Aline 2** – Adão Iturrusgarai
485. **Sermões do Padre Antonio Vieira**
486. **Garfield numa boa (4)** – Jim Davis
487. **Mensagem** – Fernando Pessoa
488. **Vendeta *seguido de* A paz conjugal** – Balzac
489. **Poemas de Alberto Caeiro** – Fernando Pessoa
490. **Ferragus** – Honoré de Balzac
491. **A duquesa de Langeais** – Honoré de Balzac
492. **A menina dos olhos de ouro** – Honoré de Balzac
493. **O lírio do vale** – Honoré de Balzac
494(17). **A barcaça da morte** – Simenon
495(18). **As testemunhas rebeldes** – Simenon
496(19). **Um engano de Maigret** – Simenon
497(1). **A noite das bruxas** – Agatha Christie
498(2). **Um passe de mágica** – Agatha Christie
499(3). **Nêmesis** – Agatha Christie
500. **Esboço para uma teoria das emoções** – Sartre
501. **Renda básica de cidadania** – Eduardo Suplicy
502(1). **Pílulas para viver melhor** – Dr. Lucchese
503(2). **Pílulas para prolongar a juventude** – Dr. Lucchese
504(3). **Desembarcando o Diabetes** – Dr. Lucchese
505(4). **Desembarcando o Sedentarismo** – Dr. Fernando Lucchese e Cláudio Castro
506(5). **Desembarcando a Hipertensão** – Dr. Lucchese
507(6). **Desembarcando o Colesterol** – Dr. Fernando Lucchese e Fernanda Lucchese
508. **Estudos de mulher** – Balzac
509. **O terceiro tira** – Flann O'Brien
510. **100 receitas de aves e ovos** – J. A. P. Machado
511. **Garfield em toneladas de diversão (5)** – Jim Davis
512. **Trem-bala** – Martha Medeiros
513. **Os cães ladram** – Truman Capote
514. **O Kama Sutra de Vatsyayana**
515. **O crime do Padre Amaro** – Eça de Queiroz
516. **Odes de Ricardo Reis** – Fernando Pessoa
517. **O inverno da nossa desesperança** – Steinbeck
518. **Piratas do Tietê (1)** – Laerte
519. **Rê Bordosa: do começo ao fim** – Angeli
520. **O Harlem é escuro** – Chester Himes
521. **Café-da-manhã dos campeões** – Kurt Vonnegut
522. **Eugénie Grandet** – Balzac
523. **O último magnata** – F. Scott Fitzgerald
524. **Carol** – Patricia Highsmith
525. **100 receitas de patisseria** – Sílvio Lancellotti
526. **O fator humano** – Graham Greene
527. **Tristessa** – Jack Kerouac
528. **O diamante do tamanho do Ritz** – S. Fitzgerald
529. **As melhores histórias de Sherlock Holmes** – Arthur Conan Doyle
530. **Cartas a um jovem poeta** – Rilke
531(20). **Memórias de Maigret** – Simenon
532(4). **O misterioso sr. Quin** – Agatha Christie
533. **Os analectos** – Confúcio
534(21). **Maigret e os homens de bem** – Simenon
535(22). **O medo de Maigret** – Simenon
536. **Ascensão e queda de César Birotteau** – Balzac
537. **Sexta-feira negra** – David Goodis
538. **Ora bolas – O humor de Mario Quintana** – Juarez Fonseca
539. **Longe daqui mesmo** – Antonio Bivar
540(5). **É fácil matar** – Agatha Christie
541. **O pai Goriot** – Balzac
542. **Brasil, um país do futuro** – Stefan Zweig
543. **O processo** – Kafka
544. **O melhor de Hagar 4** – Dik Browne
545(6). **Por que não pediram a Evans?** – Agatha Christie
546. **Fanny Hill** – John Cleland
547. **O gato por dentro** – William S. Burroughs
548. **Sobre a brevidade da vida** – Sêneca
549. **Geraldão (1)** – Glauco
550. **Piratas do Tietê (2)** – Laerte
551. **Pagando o pato** – Ciça
552. **Garfield de bom humor (6)** – Jim Davis
553. **Conhece o Mário?** – Santiago
554. **Radicci 6** – Iotti
555. **Os subterrâneos** – Jack Kerouac
556(1). **Balzac** – François Taillandier
557(2). **Modigliani** – Christian Parisot
558(3). **Kafka** – Gérard-Georges Lemaire
559(4). **Júlio César** – Joël Schmidt
560. **Receitas da família** – J. A. Pinheiro Machado
561. **Boas maneiras à mesa** – Celia Ribeiro
562(9). **Filhos sadios, pais felizes** – R. Pagnoncelli
563(10). **Fatos & mitos** – Dr. Fernando Lucchese
564. **Ménage à trois** – Paula Taitelbaum
565. **Mulheres!** – David Coimbra
566. **Poemas de Álvaro de Campos** – Fernando Pessoa
567. **Medo e outras histórias** – Stefan Zweig
568. **Snoopy e sua turma (1)** – Schulz
569. **Piadas para sempre (1)** – Visconde da Casa Verde
570. **O alvo móvel** – Ross Macdonald
571. **O melhor do Recruta Zero (2)** – Mort Walker
572. **Um sonho americano** – Norman Mailer
573. **Os broncos também amam** – Angeli
574. **Crônica de um amor louco** – Bukowski
575(5). **Freud** – René Major e Chantal Talagrand
576(6). **Picasso** – Gilles Plazy
577(7). **Gandhi** – Christine Jordis
578. **A tumba** – H. P. Lovecraft

579. **O príncipe e o mendigo** – Mark Twain
580. **Garfield, um charme de gato (7)** – Jim Davis
581. **Ilusões perdidas** – Balzac
582. **Esplendores e misérias das cortesãs** – Balzac
583. **Walter Ego** – Angeli
584. **Striptiras (1)** – Laerte
585. **Fagundes: um puxa-saco de mão cheia** – Laerte
586. **Depois do último trem** – Josué Guimarães
587. **Ricardo III** – Shakespeare
588. **Dona Anja** – Josué Guimarães
589. **24 horas na vida de uma mulher** – Stefan Zweig
590. **O terceiro homem** – Graham Greene
591. **Mulher no escuro** – Dashiell Hammett
592. **No que acredito** – Bertrand Russell
593. **Odisséia (1): Telemaquia** – Homero
594. **O cavalo cego** – Josué Guimarães
595. **Henrique V** – Shakespeare
596. **Fabulário geral do delírio cotidiano** – Bukowski
597. **Tiros na noite 1: A mulher do bandido** – Dashiell Hammett
598. **Snoopy em Feliz Dia dos Namorados! (2)** – Schulz
599. **Mas não se matam cavalos?** – Horace McCoy
600. **Crime e castigo** – Dostoiévski
601(7). **Mistério no Caribe** – Agatha Christie
602. **Odisséia (2): Regresso** – Homero
603. **Piadas para sempre (2)** – Visconde da Casa Verde
604. **À sombra do vulcão** – Malcolm Lowry
605(8). **Kerouac** – Yves Buin
606. **E agora são cinzas** – Angeli
607. **As mil e uma noites** – Paulo Caruso
608. **Um assassino entre nós** – Ruth Rendell
609. **Crack-up** – F. Scott Fitzgerald
610. **Do amor** – Stendhal
611. **Cartas do Yage** – William Burroughs e Allen Ginsberg
612. **Striptiras (2)** – Laerte
613. **Henry & June** – Anaïs Nin
614. **A piscina mortal** – Ross Macdonald
615. **Geraldão (2)** – Glauco
616. **Tempo de delicadeza** – A. R. de Sant'Anna
617. **Tiros na noite 2: Medo de tiro** – Dashiell Hammett
618. **Snoopy em Assim é a vida, Charlie Brown! (3)** – Schulz
619. **1954 – Um tiro no coração** – Hélio Silva
620. **Sobre a inspiração poética (Íon) e ...** – Platão
621. **Garfield e seus amigos (8)** – Jim Davis
622. **Odisséia (3): Ítaca** – Homero
623. **A louca matança** – Chester Himes
624. **Factótum** – Charles Bukowski
625. **Guerra e Paz: volume 1** – Tolstói
626. **Guerra e Paz: volume 2** – Tolstói
627. **Guerra e Paz: volume 3** – Tolstói
628. **Guerra e Paz: volume 4** – Tolstói
629(9). **Shakespeare** – Claude Mourthé
630. **Bem está o que bem acaba** – Shakespeare
631. **O contrato social** – Rousseau
632. **Geração Beat** – Jack Kerouac
633. **Snoopy: É Natal! (4)** – Charles Schulz
634(8). **Testemunha da acusação** – Agatha Christie
635. **Um elefante no caos** – Millôr Fernandes
636. **Guia de leitura (100 autores que você precisa ler)** – Organização de Léa Masina
637. **Pistoleiros também mandam flores** – David Coimbra
638. **O prazer das palavras – vol. 1** – Cláudio Moreno
639. **O prazer das palavras – vol. 2** – Cláudio Moreno
640. **Novíssimo testamento: com Deus e o diabo, a dupla da criação** – Iotti
641. **Literatura Brasileira: modos de usar** – Luís Augusto Fischer
642. **Dicionário de Porto-Alegrês** – Luís A. Fischer
643. **Clô Dias & Noites** – Sérgio Jockymann
644. **Memorial de Isla Negra** – Pablo Neruda
645. **Um homem extraordinário e outras histórias** – Tchekhov
646. **Ana sem terra** – Alcy Cheuiche
647. **Adultérios** – Woody Allen
648. **Para sempre ou nunca mais** – R. Chandler
649. **Nosso homem em Havana** – Graham Greene
650. **Dicionário Caldas Aulete de Bolso**
651. **Snoopy: Posso fazer uma pergunta, professora? (5)** – Charles Schulz
652(10). **Luís XVI** – Bernard Vincent
653. **O mercador de Veneza** – Shakespeare
654. **Cancioneiro** – Fernando Pessoa
655. **Non-Stop** – Martha Medeiros
656. **Carpinteiros, levantem bem alto a cumeeira & Seymour, uma apresentação** – J.D.Salinger
657. **Ensaios céticos** – Bertrand Russell
658. **O melhor de Hagar 5** – Dik Browne
659. **Primeiro amor** – Ivan Turguêniev
660. **A trégua** – Mario Benedetti
661. **Um parque de diversões da cabeça** – Lawrence Ferlinghetti
662. **Aprendendo a viver** – Sêneca
663. **Garfield, um gato em apuros (9)** – Jim Davis
664. **Dilbert 1** – Scott Adams
665. **Dicionário de dificuldades** – Domingos Paschoal Cegalla
666. **A imaginação** – Jean-Paul Sartre
667. **O ladrão e os cães** – Naguib Mahfuz
668. **Gramática do português contemporâneo** – Celso Cunha
669. **A volta do parafuso** *seguido de* **Daisy Miller** – Henry James
670. **Notas do subsolo** – Dostoiévski
671. **Abobrinhas da Brasilônia** – Glauco
672. **Geraldão (3)** – Glauco
673. **Piadas para sempre (3)** – Visconde da Casa Verde
674. **Duas viagens ao Brasil** – Hans Staden
675. **Bandeira de bolso** – Manuel Bandeira
676. **A arte da guerra** – Maquiavel
677. **Além do bem e do mal** – Nietzsche
678. **O coronel Chabert** *seguido de* **A mulher abandonada** – Balzac
679. **O sorriso de marfim** – Ross Macdonald
680. **100 receitas de pescados** – Sílvio Lancellotti
681. **O juiz e o seu carrasco** – Friedrich Dürrenmatt
682. **Noites brancas** – Dostoiévski
683. **Quadras ao gosto popular** – Fernando Pessoa
684. **Romanceiro da Inconfidência** – Cecília Meireles
685. **Kaos** – Millôr Fernandes
686. **A pele de onagro** – Balzac
687. **As ligações perigosas** – Choderlos de Laclos
688. **Dicionário de matemática** – Luiz Fernandes Cardoso

GRÁFICA EDITORA
Pallotti
IMAGEM DE QUALIDADE

Santa Maria - RS - Fone/Fax: (55) 3220.4500
www.pallotti.com.br